Leben ohne Religion
Eupraxophie

Paul Kurtz

**aus dem Amerikanischen übersetzt von
Arnher E. Lenz**

Angelika Lenz Verlag
Fasanenweg 8, D-31535 Neustadt

Die Originalausgabe erschien unter dem Titel

EUPRAXOPHY: LIVING WITHOUT RELIGION

im Verlag Prometheus Books, Buffalo, New York
Aus dem Amerikanischen übersetzt von
Arnher E. Lenz

Leben ohne Religion - Eupraxophie
Copyright © 1989 by Paul Kurtz
Über alle Rechte der deutschen Ausgabe verfügt der
Angelika Lenz Verlag, Neustadt am Rübenberge 1993
Printed in Germany 1993

ISBN 3-9802799-4-4

Inhalt

Danksagung 5

Vorwort 6

I. Was ist Eupraxophie? 7
Ist Humanismus eine Religion? 7
Erklärung des Begriffs Eupraxophie 13

II. Was ist Humanismus? 23
Eine Untersuchungsmethode 23
Eine kosmische Weltsicht 31
Ein Lebensentwurf 38
Soziales Gemeinwesen 44

III. Die Definition von Religion 51
Theismus und das Heilige 51
Definitionsvorschlag 56
Konfuzianismus 64
Hinduismus 67
Buddhismus 69
Funktionale Definitionen von Religion 71
Deweys Unterscheidung zwischen
Religion und dem Religiösen 78
Tillichs Religion als letztes Anliegen 81
Neubewertung des Funktionalismus 84

IV. Überzeugung und Verpflichtung 95
Die Rolle der Wissenschaft 95
Die Rolle der Philosophie 103

Die Rolle der Eupraxophie	106
Religion und Ideologie	111
Anziehungskraft	115
Begeisterung und Sehnsucht	119
Eine begeisternde Botschaft	121

V. Schaffung des Humanismus in der Zukunft......... 129
Der Bedarf an neuen Institutionen	129
Kritische Intelligenz	135
Eine Religionskritik	137
Ethische Erziehung	140
Eupraxophie-Zentren	144
Das Bedürfnis nach Weisheit	148
Eupraxie	151
Die Eupraxophen	154
Jenseits ethnischer Zugehörigkeit	158

Danksagung

Ich möchte den vielen Leuten danken, die mein Manuskript gelesen oder mit mir diskutiert haben und brauchbare Vorschläge gemacht haben: Joe Barnhart, Paul Beattie, Vern Bullough, Fred Condo, Doris Doyle, Cynthia Dwyer, Beverly Earles, Joseph Fletcher, Thomas Flynn, Thomas Franczyk, Sidney Hook, Gerald Larue, Timothy Madigan, Molleen Matsumura, Delos McKown, Irvin Leibowitz, Verle Muhrer, Patricia Pederson-Lawton, Howard Radest, Ranjit Sandhu, Andrée Spuhler, Harry Stopes-Roe, Rob Tielman, Thomas Vernon und Robert Worsfold.

Vorwort

Paul Kurtz ist Amerikas führender Aufklärer in Sachen humanistische Philosophie. Mit Eupraxophie hat er ein neues Wort eingeführt, um den Humanismus zu beschreiben. Es hat griechische Wurzeln, eu- (gut), praxis (Handlung, Führung) und sophia (philosophische und wissenschaftliche Weisheit). Eupraxophie bedeutet wörtlich "gute Führung und Weisheit im Leben."

Eupraxophie stützt sich auf die wissenschaftlichen Fachgebiete Philosophie und Ethik. Trotzdem ist sie mehr als die Summe aus beiden. Eupraxophie drückt eine intellektuelle Haltung zur Natur des Universums aus. Sie beschäftigt sich auch damit, wie man sein Leben in Verantwortung und mit Hingabe leben kann. Auf diese Art und Weise verbindet es eine kosmische Weltsicht mit einem Lebensentwurf. Paul Kurtz behauptet, daß der Eupraxoph ein sinnvolles Leben führen und mithelfen kann, eine gerechte Gesellschaft zu schaffen. Er bietet handfeste Empfehlungen zur Entwicklung des Humanismus der Zukunft.

Ein vollständiges Kapitel dieses Buches ist der sorgfältigen Definition von Religion gewidmet. Es verdeutlicht, daß ein verantwortungsbewußtes Leben auch ohne religiösen Glauben möglich ist.

Leben ohne Religion - Eupraxophie folgt den Büchern "The Transcendental Temptation" und "Forbidden Fruit" und vervollständigt so eine Trilogie humanistischer Arbeiten als Antwort auf theistische Kritik am modernen säkularen Humanismus.

Paul Kurtz war Professor für Philosophie an der Staatsuniversität von New York in Buffalo, Herausgeber des Magazins Free Inquiry, Gründungsvorsitzender des Komitees zur wissenschaftlichen Untersuchung von Behauptungen hinsichtlich paranormaler Phänomene < Committee for the Scientific Investigation of Claims of the Paranormal (CSICOP) > und Co-Präsident der Internationalen Humanistischen und Ethischen Union (IHEU).

I. Was ist Eupraxophie?

Ist Humanismus eine Religion?

Die Frage: "Was ist Humanismus?" wird heute oft gestellt, da der Begriff recht häufig benutzt wird. Viele Autoren, einige prominente Humanisten eingeschlossen, haben den Humanismus als eine Religion bezeichnet. Sie behaupten, daß der Humanismus mit der Zeit die alten religiösen Systeme transformieren und sie schließlich ersetzen wird. Julian Huxley sagte voraus, daß eine humanistische Religion eine neue "Religion ohne Offenbarung"[1] werden würde. John Dewey unterschied zwischen *religiös* und *Religion* und sagte, daß die religiösen Werte der Erfahrung in der zeitgenössischen Welt durch einen naturalistischen Humanismus, der unsere idealen Werte und unser Engagement für Wissenschaft und Demokratie ausdrückt, angemessener erfüllt werden.[2] Dewey benutzte ein naturalisiertes "Gotteskonzept". Sein Konzept bezeichnete kein transzendentes Wesen, sondern drückte einfach die Einheit unserer Ideale aus. Religion war für ihn im ethischen Sinn eine Verhaltensweise.

Humanismus, so angelegt, hat viele Ähnlichkeiten mit traditionellen religiösen Glaubenssystemen: Christentum, Judentum, Hinduismus, Islam und Buddhismus; denn alle vertreten eine bestimmte Lebensart. Paul Tillich, protestantischer Existentialtheologe, definierte Religion als das, was unser letztes Anliegen ausdrückt - ganz gleich, ob es die Moral von Jesus oder Buddha, oder die eines anspruchsvollen, postmodernen wissenschaftlichen Säkularisten ist.[3] In diesem Sinn, sagt man, erfüllt der Humanismus psychologische, soziologische und existentielle Funktionen - ähnlich denen der theistischen Glaubenssysteme. Interessanterweise sind die meisten der großen humanistischen Organisationen in Nordamerika dem religiösen Vorbild gefolgt, indem sie versuchen, Gesellschaften, Kapitel oder Kirchen zu bilden, die die Funktionen traditioneller Religionen ausüben - jedoch ohne deren Inhalte.

Ich denke, daß diese Interpretation des Humanismus grundlegend falsch ist, denn sie verwischt wichtige Unterschiede zwischen Theismus und Humanismus. Der Ausdruck *säkularer* Humanismus ist deshalb eingeführt worden, um ihn vom *religiösen* Humanismus zu unterscheiden. Sidney Hook, Joseph Fletcher, Corliss Lamont und andere führende Humanisten behaupten, daß Humanismus eine säkulare philosophische, wissenschaftliche und ethische Weltanschauung ist.[4] Sie stellen in Abrede, daß er bestimmte wesentliche Merkmale einer Religion hat. Vor allem beruft sich Humanismus nicht auf Gott oder andere heilige Wahrheiten, er ist auch nicht mit den besonderen Symbolen oder Feiern traditioneller Religionen ausgestattet.

Viele der Vorläufer des zeitgenössischen Humanismus - Marx, Nietzsche, Freud, Sartre, Russell - sind entschiedene Kritiker theistischer Religionen gewesen, die sie als Unfrieden stiftend und illusionär betrachtet haben; sie schlugen der Menschheit neue, an der Vernunft orientierte Richtungen vor.[5]

Ist es möglich, ein glaubwürdiges Leben ohne Religiosität zu leben? Oder gibt es für den Menschen eigene Bedingungen, die nur durch religiöse Glaubenssysteme oder Praktiken erfüllt werden können? Humanisten bedauern die Tatsache, daß orthodoxe religiöse Systeme trotz massiver Kritik, die gegen sie über die Zeitalter durch skeptische Philosophen und Wissenschaftler vorgebracht wurden, weiterbestehen. Sie sind bestürzt, daß, wenn alte religiöse Formen aufgegeben werden, oft neue Kulte der Unvernunft aufkommen und an ihre Stelle treten. Sind Menschen ihrer Natur nach religiöse Tiere? Wird nicht der Humanismus als Anleitung für die Führung eines guten Lebens umhertappen, bis er sich diesen Fragen stellt? In *The Transcendental Temptation: A Critique of Religion and the Paranormal*[6] habe ich mich ausführlich mit dieser schwierigen Frage auseinandergesetzt und auf das große Verlangen nach dem Transzendentalen im Herzen des Menschen hingewiesen, das sich im Laufe der Geschichte durch die unterschiedlichen religiösen Formen kundgetan hat. Religionen sind Projektionen des Wunschdenkens. Die Glaubenssysteme und Riten, die überdauern, befriedigen augenscheinlich einige tiefverwurzelte Bedürfnisse des Menschen. Kann man traditionelle Religionen durch moralische Gegenwerte ersetzen? Können diese das Leben sinnvoll machen? Können diese Männer und Frauen begeistern, nach ihrem Höchsten zu streben, ohne jegliche transzendentale Festlegung? Können Menschen ohne übernatürliche Unterstützung ein verantwortungsbewußtes Leben für die Ethik führen? Ich sage ja. In *Forbidden Fruit: The Ethics of Humanism*[7] habe ich eine durch und durch humanistische, ethische Philosophie skizziert. Ich behaupte, daß es einen allgemeinen moralischen Anstand gibt (d.h. allgemeine ethische Prinzipien, die die sozialen Interaktionen beherrschen), der im großen und ganzen anerkannt ist und in den Kulturkreisen befolgt wird. Außerdem ist es für den einzelnen möglich, ohne göttliche Ansprüche oder Weihen ein vortreffliches Leben zu führen und die Rechte anderer zu achten.

Die Frage, die ich in diesem Buch ansprechen will, ist, ob es möglich ist, einen *areligiösen* oder *nichtreligiösen* Ansatz fürs Leben zu wählen und das dennoch als voll von Überzeugungen und Inspiration zu empfinden. Unter dem Eingeständnis, es bis jetzt nicht fertig gebracht zu haben, starke humanistische Einrichtungen als Alternative zu den traditionellen Religionen aufgebaut zu haben, sind diese Fragen um so zwingender.

Eine neue Dimension ist diesem Argument durch die Tatsache hinzugefügt worden, daß viele konservative theistische Kritiker des Humanismus jetzt den früheren Anspruch einiger Humanisten, daß Humanismus eine Religion sei, akzeptieren. Dies ist paradox, weil liberal-religiöse Humanisten früher gegen die standfeste Opposition der Theisten argumentiert hatten, daß ein Glaubenssystem ohne Gott religiös funktionieren würde, und daß es ebenfalls ein Anrecht auf alle die Steuerbefreiungen und Vergünstigungen habe, die theistische Religionen genießen.

Heute stehen wir vor einer neuen Herausforderung, denn konservative Theisten sagen nicht nur, daß sie diesem Anspruch zustimmen, sondern sie gehen weiter: Sie bestehen darauf, daß *säkularer* Humanismus eine "Religion" ist, und als solche sind für ihn alle Begrenzungen, die für theistische Religionen in demokratischen Gesellschaften vorhanden sind, bindend. Dies Argument zieht ganz besonders in Hinsicht auf die Vereinigten Staaten, denn das erste Nachtragsgesetz (First Amendment) zur Verfassung der Vereinigten Staaten verbietet ausdrücklich die Etablierung einer Religion.[8] Die Kritiker des Humanismus behaupten, daß es eine de facto Gründung des säkularen Humanismus in der modernen Welt gegeben hat, besonders in den öffentlichen Schulen und im Rechtssystem. Wenn säkularer Humanismus eine Religion ist, dann hat er kein Anrecht auf eine bevorzugte Stellung, sagen sie, dann kann er nicht, gestützt auf öffentliche Mittel, den jungen Menschen gelehrt und als neutral ausgegeben werden.[9]

Unzweifelhaft ist dieses Argument von seinem Anfang her auf den gegenwärtigen politischen und gesetzgeberischen Kampf beschränkt, und wird als solches wieder verschwinden. Aber es gibt eine tiefergehende Frage, die wahrscheinlich einen andauernden theoretischen und praktischen Sinn hat, nämlich: Hat eine wissenschaftliche Weltsicht, eine naturalistische Ethiktheorie oder eine demokratische politische Ideologie notwendigerweise "religiöse" Bedeutung und Funktionen? Und ist diese religiöse Komponente wesentlich und unausweichlich für säkulare Philosophien? Kritiker des säkularen Humanismus und der Moderne, wie zum Beispiel Richard Neuhaus, bedauern, daß Religionen auf offene und moderne Gesellschaften ein größerer Einfluß verwehrt ist,[10] und sie setzen alles daran, diesen wieder auf das öffentliche Leben zu gewinnen. Von einer extremen Position aus betrachten die Kritiker des wissenschaftlichen Humanismus Evolution nur als Theorie, die der Schöpfungslehre der Bibel gleichzusetzen ist, und die die Vorurteile "der Religion des säkularen Humanismus" ausdrückt. Sind die Pflege der Moralerziehung und die Entwicklung kritischer Intelligenz bei jungen Menschen religiös, wie die Kritiker behaupten? Sind das Studium der Sozialwissenschaften und das Lehren der Geschichte - oder tatsächlich alles und jedes, das nicht auf die Bibel bezogen ist, und das auf kritisches Studium und Wissenschaft zurückgeht - als "säkular" oder "humanistisch" anzusehen und daher "religiös"?

Noch überspitzter ausgedrückt können wir uns fragen, ob Marxismus eine Religion ist oder eine wurde. Viele betrachten Karl Marx als den führenden säkularen Denker des 19. Jahrhunderts; sicherlich ist er der einflußreichste gewesen. Wer könnte es sich am Ende des 19. Jahrhunderts vorgestellt haben, daß Marx' Theorien durch kommunistische und sozialistische Parteien im 20. Jahrhundert in die Praxis umgesetzt worden wären, und daß sie so einen großen Einfluß auf den Gang der Dinge haben würden? An der Macht befindliche Marxisten haben viele alte Institutionen zerstört, die *Kirche alten Stils* eingeschlossen, die oft mit privilegierten wirtschaftlichen Interessen verbunden waren. Sind die Staatsstrukturen, die kommunistische Parteien errichtet haben, in eine neue Staatskirche umgeformt worden, und füllen sie viele Rollen der traditionellen Kirchen aus? Ist der Marxismus so in eine Religion umgewandelt worden?

Nicht geistesverwandte Kritiker haben darauf hingewiesen, daß marxistische Helden die Heiligen ersetzt haben, daß ein neues Dogma und ein neues Glaubensbekenntnis (die Dialektik) entstanden sind, und daß das Bedürfnis einer Parteibürokratie aufkam, Kontrolleinrichtungen zu schaffen, um die der traditionellen Kirchen zu ersetzen. Marxistische Ideale scheinen vielen Menschen einen anfeuernden Glauben zu geben, und der revolutionäre Schwung motiviert den Kommissar-Priester. Dies trifft besonders auf die leninistische, stalinistische und maoistische Variante des Marxismus zu, jedoch nicht auf die demokratischen, sozialistischen Varianten, die ausdrücklich dem Personenkult und totalitären Strukturen eine Absage erteilten. Es hat eine weitverbreitete Ernüchterung bezüglich der totalitären und dogmatischen Versionen des Marxismus gegeben. Desillusionierung und Stagnation haben den revolutionären Schwung der früheren Generationen ersetzt. Die ehemalige marxistische Welt wird heute grundlegend reformiert, und es ist schwierig vorauszusagen, was dabei endgültig herauskommen wird.

Wir haben große Fragen aufgeworfen, die teilweise von der Bedeutung des Wortes *Religion* abhängig sind. Sind Zen-Buddhismus und Konfuzianismus Religionen? Und wenn das so ist, warum nicht auch der Epikureismus und der Stoizismus? Sind sie doch auch praktische Glaubenssysteme, die einen ethischen Standpunkt und eine Lebenshaltung propagieren. Und wenn diese, warum nicht auch der Humanismus und der Marxismus? Kann der Begriff *Religion* so weit gedehnt werden, alle diese Systeme zu umfassen, oder sollte er in einem restriktiveren Sinne gebraucht werden? Zu einem bestimmten Zeitpunkt meines Lebens war ich davon überzeugt worden, daß der Ausdruck *religiös* einen weiten Bereich humanistischer Glauben und Praktiken beinhaltet, da ich das passionierte Engagement, das Humanismus zu erzeugen in der Lage ist, sah.[11] Wenn schon nicht aus einem anderen Grund, so schien es mir allein deshalb die richtige Strategie für die humanistische Bewegung zu sein, sich selbst als eine Religion der Zukunft aufzufassen.[12]

Ich glaube heute, daß diese Art zu denken falsch war und ist. Denn, wenn wir so argumentieren, müssen wir fragen: "Was ist keine Religion?" Wenn alles, was unser "letztes Anliegen" berührt, als Religion angesehen werden soll, kann dieser Ausdruck nicht auch auf Libertarianismus, Sozialismus, Atheismus, Feminismus, Vegetarismus angewandt werden; das heißt, auf jede Bewegung, die den höchsten Idealen und Sehnsüchten eines Menschen Richtung und Bedeutung gibt und einen Lebensweg bedeutet?

Wenn das so ist, kann alles als Religion aufgefaßt werden, wenn es ernst und hingebungsvoll vertreten wird. Warum dann nicht auch Wissenschaft, Geschichte, Schach, Sport, Sexualität oder jegliche Betätigung, der wir uns zutiefst verbunden fühlen? Die Archillesferse dieses Arguments ist, daß die theistischen Religionen sich historisch so umgestaltet haben, daß sie die ganze nichtreligiöse Moral aufgenommen haben, und daß sie psychologische und soziologische Funktionen erfüllen. Die Tatsache, daß Religionen diese Funktionen mit anderen menschlichen Interessen und Institutionen teilen, macht diese Interessen und Institutionen nicht religiös.

Der Punkt ist, daß es einerseits tiefgreifende Unterschiede zwischen einem theistischen Ansatz bezüglich des wahren Lebens und der Moral, und andererseits des wissenschaftlichen, naturalistischen und säkularen humanistischen Ansatzes gibt. Der theistische Ansatz behauptet, daß es einen "heiligen" und "göttlichen" Charakter der Wirklichkeit gibt, einen, dem die Menschen unumschränkt ergeben sind. Humanisten weisen diese Grundannahme zurück. Humanisten glauben, daß wir unsere eigenen Kräfte zusammennehmen und kritische Intelligenz entwickeln müssen, um unsere Aufgaben zu lösen. Dementsprechend ist die humanistische Haupttugend Mut, der Mut zu wachsen und zu werden, trotz der manchmal tragischen Ausprägung der menschlichen Existenz. Humanismus stellt dieses Leben mit seinem Hier und Jetzt in den Mittelpunkt; er projiziert kein übernatürliches Reich heiliger Mysterien, dem unsere Beziehung zur Natur zugrunde liegt. Er hat keine Erlösungserwartung, und es gibt nichts, das uns verpflichtet, das Unbekannte zu verehren.

Nach meinem Urteil wird der Humanismus weiterhin darniederliegen, es sei denn, es wird völlig klar gemacht, daß Humanismus *keine* Religion ist. Ich behaupte, der Hauptgrund, warum ein echter Humanismus bis jetzt keine größere Wirkung auf gesellschaftliche Einrichtungen ausgeübt hat, liegt darin, daß er versuchte, Religion nachzuäffen. Der nächste Schritt des menschlichen Fortschritts ist es, die transzendentale Versuchung durch Aufbau einfallsreicher, alternativer Einrichtungen zu überwinden. Jetzt muß der Humanismus erst einen radikalen Bruch mit den Formen des religiösen Humanismus herbeiführen, die diesen Unterschied verwischen. Der Humanismus muß feierlich erklären, daß Menschen ein glaubwürdiges Leben *ohne* religiösen Anspruch führen können. Er muß sich über Religion *hinaus* entwickeln.

Durch die Unterscheidung zwischen nichtreligiösem, säkularem Humanismus und religiösem Humanismus möchte ich bestimmt nicht die humanistische Bewegung spalten. Aber über diese Frage besteht schon eine tiefgehende Meinungsverschiedenheit. Viele religiöse Humanisten bestehen weiter nicht nur darauf, daß sie religiös sind, sondern, daß säkularer Humanismus eine Religion ist. Ihre Vorbilder sind die humanistischen Unitarischen Kirchen*, Gesellschaften für ethische Kultur, oder Tempel des humanistischen Judaismus. Die meisten Unitarischen Kirchen oder Gesellschaften sind nicht humanistisch, sie sind irgendwie christlich, oder theistisch, obgleich eine beträchtliche Anzahl Unitarier sich mit dem Humanismus identifiziert. Sogar in humanistischen Kirchen, Gesellschaften und Tempeln gibt es einen Geistlichen oder Führer, der seiner Gemeinde dient, Sonntagspredigten hält und pastoralen Rat erteilt - wie seine theistischen Gegenstücke. Zugegebenermaßen ist der religiöse Humanist kein Theist, er verwirft die Existenz Gottes; durch die Annahme des Ausdrucks *religiös,* trübt er jedoch den wahren Charakter des Humanismus als radikale Alternative des Theismus.

Erklärung des Begriffs "Eupraxophie"

Wenn Humanismus keine Religion ist, was ist er dann? Unglücklicherweise gibt es im Englischen kein Wort, das ihn ganz angemessen beschreiben kann - obgleich es Worte in anderen Sprachen gibt, die es tun. Humanismus beinhaltet, behaupte ich, eine Methode der wissenschaftlichen Untersuchung, eine kosmische Weltsicht, einen Lebensentwurf** und eine Reihe sozialer Werte. Die Niederländer zum Beispiel haben das Wort *levensbeschouwing,* was man als "Betrachtung des Lebens, Bedeutung des Lebens oder Ansicht des Lebens" übersetzen kann. Niederländisch hat auch das Wort *levensovertuiging,* was stärker ist als *levensbeschouwing,* weil *overtuiging* "Überzeugung" bedeutet. Daher gibt es keine religiösen Obertöne.

---

*) In Nordamerika und Großbritannien noch relativ stark an die christlichen Kirchen angelehnt, anders als die Deutsche Unitarier-Religionsgemeinschaft, die der freigeistigen/freireligiösen Bewegung zuzurechnen ist, Anm. d. Übers.
**) Lebensentwurf oder Lebenskonzept ist die Übersetzung der humanistischen Wortschöpfung "life stance" aus der neueren englischsprachigen Literatur, Anm. d. Übers.

Religion heißt auf niederländisch *godsdienst,* also "Gottesdienst". Im Englischen gibt es diese Ausdrücke nicht.

Entsprechend denke ich, wir müssen einen neuen Ausdruck prägen, um nichttheistischen Glauben und Praktiken von anderen Glaubenssystemen und Praktiken zu unterscheiden, einen Ausdruck, den man in vielen Sprachen verwenden könnte. Der beste Ansatz wäre wohl, Wörter griechischer Sprachwurzel zu verbinden. Ich habe mir den Ausdruck *Eupraxophie* überlegt, der soviel wie "gute praktische Weisheit" bedeutet. *Eupraxophie* ist aus den folgenden Wurzeln zusammengesetzt: *eu-, praxis* und *sophie. Eu-* ist eine Vorsilbe und bedeutet "gut", "richtig", "vorteilhaft". Sie kommt in Worten wie *Eudämonie* vor, was soviel heißt wie "Wohlergehen" oder "Glückseligkeit"; sie wird auch in *Euthanasie, Eulogie, Euphorie* usw. benutzt. Praxis (oder *prassein*) bezieht sich auf "Aktion, handeln, machen, ausüben." *Eupraxie* bedeutet "richtige Handlung" oder "gute Führung". Die Nachsilbe *sophie* ist von *sophos* ("weise") abgeleitet und bedeutet "Weisheit". Diese Nachsilbe kommt auch in dem Ausdruck *Philosophie* vor, in dem *philos* ("lieben") und *sophie* ("Weisheit", "Liebe zur Weisheit") bedeuten.

In ihrem ursprünglichen Sinn hat Philosophie, als Metaphysik oder "die Wissenschaft vom Sein", die allgemeinen Prinzipien und Kategorien untersucht, durch die wir die Natur begreifen und die Wirklichkeit interpretieren können. Die Philosophen des klassischen Altertums versuchten, ein System der Natur zu erarbeiten, in dem bestimmte Prinzipien als grundlegend angesehen wurden. Die Metaphysik ist in der Moderne in einen ziemlich üblen Ruf geraten, besonders bei skeptischen Kritikern. Zumindest analysiert und interpretiert die Metaphysik die Grundkonzepte der Wissenschaft, versucht Sinn hineinzulegen, und wenn möglich, sie zu vereinigen. Dies ist heutzutage eine sehr komplexe Aufgabe, wegen des fortgesetzten Aufblühens neuer Wissenschaftsbereiche und der ungeheuren Schwierigkeit eines einzelnen, mit dem größer werdenden Wissensumfang fertigzuwerden. Philosophische Untersuchung konzentriert sich auch auf Epistemologie (Erkenntnistheorie, Anm. d. Übers.), der Theorie des Wissens. Sie befaßt sich mit Fragen der Bedeutung, der Wahrheit, den Prinzipien richtiger Schlußfolgerung, induktiver und deduktiver Logik.

Es gibt viele andere Zweige der Philosophie, eingeschlossen sind Logik, Ästhetik, Ethik, Wissenschaftsphilosophie, Politik- und Sozialphilosophie, Religionsphilosophie; tatsächlich kann man beinahe jedem Bereich philosophisch näherkommen.

Verbindende Philosophie (synthetic philosophy, Anm. d. Übers.) versucht, universelle oder allgemeine Prinzipien anzubieten, und einen Überblick zu entwickeln, eine kosmische Perspektive oder *Weltanschauung*. Dies wird manchmal synoptische oder spekulative Philosophie genannt. Doch seit der Entwicklung der modernen Wissenschaft im 16. und 17. Jahrhundert ist dieser Ansatz ernsthaft aus methodologischen Gründen in Frage gestellt worden, denn man kann das nicht unabhängig von der Wissenschaft machen, sondern nur im Zusammenhang mit ihr. Nichtsdestotrotz ist Philosophie in diesem Sinne ein Nachdenken über Allgemeinheiten; sie befaßt sich mit Herkunftsfragen und dem kosmischen Zusammenhang. Analytische und kritische Philosophie sind andererseits viel anspruchsloser in ihrem Umfang. Analytische Philosophie befaßt sich mit dem Verstehen des Wesens von Sinn und Wahrheit sowie dem Definieren und Analysieren der Hauptkonzepte innerhalb jeglichen gesonderten Forschungsgebiets. Kritische Philosophie ist bewertend; sie strebt nach Klarheit, aber sie versucht auch, den Gehalt von Wahrheits-Ansprüchen zu bewerten.

Diese Aktivitäten haben hauptsächlich intellektuelle Gründe und sind neutral bezüglich ihrer praktischen Folgen. Die Griechen unterschieden betrachtende (kontemplative) Weisheit von der praktisch anwendbaren. Philosophie, als die Weisheitsliebe, beginnt überwiegend in einer theoretischen oder betrachtenden Phase. Es gibt jedoch einen anderen Zweig normativer Philosophie, der sich um praktische Weisheit in der Ethik und der Politik bemüht. Hier versuchte die klassische Philosophie, Anleitung für ein richtiges Leben und eine gerechte Gesellschaft zu geben. Aristoteles behauptete in der *Nikomachischen Ethik*, daß Ethik eine praktische Bedeutung hat, und daß wir sie studieren sollten, um gut zu leben. Er war der Meinung, daß die Entwicklung des Charakters und der Tugend sowie die Einübung der praktischen Weisheit zur Erlangung des Glücks beitragen würde. Viele Ethik-Philosophen haben sich jedoch auf die Meta-Analyse der Konzepte wie "gut", "schlecht", "Tugend", "Wert", "Gerechtigkeit" usw. konzentriert. Dies wurde später in der Kantschen Philosophie auf die Definition von "richtig", "falsch", "Verpflichtung", "Verantwortung", usw. erweitert. Ob diese Ausdrücke definiert werden können, wird bis heute heiß diskutiert. Objektivisten glauben, daß sie definiert werden können, die skeptische Tradition, die es auch gibt, verneint ihre Definierbarkeit. Egal wie es ist, die klassische Ethik hatte immer einen normativen Zweck.

Eine grundsätzliche Unterscheidung kann man machen zwischen *herkömmlicher Moral*, auf die sich die Moralvorstellungen beziehen, die schon in einer gegebenen kulturellen Gruppe bestehen, und *Ethik*, die eine reflektive und kritische Komponente enthält. Viele Philosophen, die sich heute mit Ethik befassen, betonen die Notwendigkeit für eine ethische Rationalität - aber nur als Selbstzweck, und viele scheuen sich, irgendwelche klaren Empfehlungen darüber hinaus auszusprechen, wenn sie sich mit Problemen der Alltagsmoral befassen. Dies trifft besonders für Universitäten und Colleges zu, wo Philosophie als akademisches Fach gelehrt wird, wo Philosophen philosophische Forschung betreiben und ihre Abhandlungen in Fachzeitschriften veröffentlichen, und wo Philosophie-Lehrer keine klar festlegbaren Positionen bezogen haben. Sie sehen ihre pädagogische Methode als ein Bekanntmachen mit den verschiedenen philosophischen Theorien an, und versuchen nicht, eine Reihe von Glauben oder Werten zu vermitteln, daß heißt, sie versuchen nicht, ihre Studenten oder die Allgemeinheit von ihren philosophischen Ansichten zu überzeugen. Da ihre Aufgabe die reine Forschung ist, ähnlich anderen Fachrichtungen wie Geschichte, Natur- und Sozialwissenschaften, können sie sich sicher in ihren Elfenbeinturm zurückziehen - Philosophen *in der Eigenschaft als* Philosophen - und müssen nicht ihren persönlichen Standpunkt verteidigen. Die Tugend dieser Philosophie ist, daß der Professor eine Liebe zur Weisheit und die Fähigkeiten des kritischen Denkens vermittelt, ohne seine oder ihre Voreingenommenheiten an die Studenten weiterzugeben. Der Professor möchte nicht eine bestimmte Kosmos-Anschauung indoktrinieren oder propagieren. Er oder sie möchten "objektiv" sein, er mag sich sogar vor Repressalien von denjenigen fürchten, die die konventionelle Weisheit des Tages unterstützen. Jedoch beantwortet diese Art von Philosophie nicht die tiefergehenden Fragen der Studenten und einfachen Männer und Frauen. Sie stellt keine Weltsicht dar, sie tritt nicht für eine Sinn- und Wahrheitstheorie ein, sie versucht auch nicht, andere von der vergleichsweisen Sinnhaftigkeit der eigenen durchdachten normativen und sozialen Ideologie des Philosophen zu überzeugen. Philosophie, als eine Liebe zur Wahrheit, muß neben der Tatsache, einer ehrlichen und objektiven Analyse gegenüber aufgeschlossen zu sein, *neutral* sein. Sie kann keine Stellung beziehen, sie kann keine normativen Schlußfolgerungen aus ihrer formalen Analyse ziehen. Sie ist überwiegend ein erkenntnisorientiertes Unterfangen. Sie beinhaltet keine Haltungs- oder Gefühlskomponente. Sie versucht auch nicht, Überzeugung zu schaffen oder Unterstützung zu inspirieren.

Wie weit sich doch die Philosophie von der sokratischen Vorstellung des guten Lebens fortentwickelt hat! Für Sokrates hatte Philosophie einen direkten Bezug darauf, wie wir leben sollten. Das nicht hinterfragte Leben ist es nicht wert, gelebt zu werden, behauptet er, und er war sogar bereit, für seine Überzeugung zu sterben. Spinozas *Ethik* scheint sowohl eine Philosophie als auch eine Eupraxophie, zumindest indirekt, ausgedrückt zu haben. Wir könnten sogar sagen, daß viele oder die meisten philosophischen Systeme eine pragmatische Funktion umfaßt haben, und daß es ihre Aufgabe war, eine Alternative zur Religion und eine Anleitung für Ethik und Politik darzustellen. Betrachtende (kontemplative) Weisheit war oft eine Maske für tiefergehende Nützlichkeitserwägungen. Marx brach klar mit der kontemplativen Philosophie, als er sagte, daß es nicht die Aufgabe der Philosophie sei, die Welt nur zu interpretieren, sondern sie auch zu *verändern!* In diesem Sinne hat Philosophie folgenschwere Bedeutung - wie sie es für Nietzsche, Schopenhauer, Russell, Sartre, Dewey und andere hatte. Leider ist sie heute mit den Akademien verheiratet und durch einschränkende Spezialisierung verdorben. Philosophie hat gegenüber Religion und Ideologie verloren, die im Wettbewerb um die Seelen der Männer und Frauen heute das Regiment führen. Deshalb müssen wir uns neu orientieren, und einen neuen Ansatz herausschälen.

Eupraxophie unterscheidet sich von antiseptischer, neutraler Philosophie, indem sie sich bewußt und aufrecht herausfordernd auf den Marktplatz der Ideen stellt. Im Gegensatz zur reinen Philosophie ist sie nicht einfach die *Liebe* zur Weisheit, obgleich diese sicherlich durch sie impliziert wird, sondern auch die *Anwendung* der Weisheit. Hiermit meine ich nicht, daß Ethiker nicht daran interessiert sein sollten, das Vermögen für kritisches ethisches Urteil und praktische Weisheit zu entwickeln. Das ist ein hohes Ziel. Aber Eupraxophie geht darüber hinaus, denn sie stellt einen zusammenhängenden ethischen Lebensentwurf dar. Darüber hinaus umfaßt sie eine Kosmostheorie der Wirklichkeit, die zu einem bestimmten Zeitpunkt in der Geschichte im Lichte des besten Wissens der jeweiligen Zeit vernünftig erscheint. Humanistische Eupraxophie verteidigt eine Reihe von Kriterien, die der Überprüfung von Wahrheitsansprüchen dient. Sie tritt auch für eine ethische Haltung ein. Und sie steht außerdem rückhaltlos und unbeschränkt für eine Reihe politischer Ideale. Eupraxophie verbindet *Weltanschauung* und Lebensphilosophie. Aber sie führt uns einen Schritt weiter, durch Engagement, das auf Erkenntnis beruht und mit Leidenschaft verbunden ist. Sie beinhaltet die Anwendung von Weisheit auf die Lebensführung.

Nichteupraxische Philosophien wollen diese Überzeugung nicht bestätigen. Sie untersuchen eine Frage von allen Seiten, sehen die Begrenzungen und Schwächen, sind jedoch nicht gewillt, sich für irgendeine Seite zu engagieren. Wie ich schon sagte, hierin liegen gewisse Vorteile; denn ein aufgeschlossener Geist muß erkennen, daß er Fehler machen könnte, und daß Ansichten verändert werden müßten, wenn neue Erkenntnisse oder Beweise auftauchen. Daher muß man skeptisch sein - jedoch nicht um den Preis, alle Überzeugungen zu verlieren. Der *Eupraxoph* trifft eine Wahl - die vernünftigste, basierend auf den verfügbaren Beweisen - und das versetzt ihn in die Lage zu handeln. Letztendlich haben Theologen, Politiker, Generäle, Ingenieure, Geschäftsmänner, Rechtsanwälte, Ärzte, Künstler, Dichter und einfache Männer und Frauen feste Vorstellungen, und sie handeln danach. Warum soll dieses Recht dem gebildeten Philosophen-Eupraxophen verweigert werden? Jedoch sollten sicherlich die Vorstellungen, die man hat, auf Vernunft, kritischer Intelligenz und Weisheit beruhen. Das ist es, worauf sich die Nachsilbe *sophie* bezieht. Weisheit im weitesten Sinne schließt nicht nur philosophisches und praktisches Urteil ein, sondern auch wissenschaftlichen Verstand.

Wenden wir uns dem *Webster* (amerikanisches Lexikon, Anm. d. Übers.) für eine Definition von *Sophie* oder *Weisheit* zu:

1.) Die Eigenschaft, weise zu sein; die Fähigkeit, gesund zu urteilen und klug mit Fakten umzugehen, besonders, wenn sie sich auf das Leben und Benehmen beziehen; Wissen, mit der Fähigkeit, es richtig einzusetzen; Vorstellung über die besten Ziele und die besten Mittel; Einsicht und Urteilskraft; Feingefühl; Scharfsinn; 2.) Wissenschaftliches und philosophisches Wissen.

Ausdrücklich ist in dieser Definition eine wissenschaftliche Komponente, denn Weisheit schließt das beste wissenschaftliche Wissen ein, das aus Forschung und Lehre der verschiedenen Wissenschaftsgebiete stammt. Unglücklicherweise fühlen sich oft die verschiedenen wissenschaftlichen Spezialisten nur für Urteile kompetent, die ihre eigenen Wissensgebiete betreffen, und lassen dadurch die allgemeineren Fragen, die einen direkten Einfluß auf das Leben haben, aus. Es gibt eine Krise der modernen Wissenschaft, in der die Spezialgebiete exponentiell wachsen, weil viele Fachleute das Gefühl haben, nur mit ihresgleichen reden zu können. Dadurch ist die Wissenschaft zergliedert worden. Wer ist fähig, diese Abgrenzungen zu überschreiten und Metaschlußfolgerungen über die Natur zu ziehen, über die Menschen, über die Gesellschaft oder das Leben im allgemeinen? Der Eupraxoph denkt, daß es seine Aufgabe ist, das zu tun.

Theoretische wissenschaftliche Forschung ist in Moralfragen neutral. Der Wissenschaftler ist daran interessiert, kausale Hypothesen und Theorien zu entwickeln, die durch Beweise abgesichert werden können. Wissenschaftler beschreiben oder erklären, wie sich das untersuchte Subjekt verhält, ohne es normativ zu bewerten. Natürlich gibt es ein pragmatisches Element in der Wissenschaft, besonders bei den angewandten Wissenschaften; denn wir versuchen ständig, unser wissenschaftliches Know-how bei der angewandten Technologie zu benutzen. Darüber hinaus nimmt der Wissenschaftler erkenntnistheoretische Kriterien an, die seinen Forschungsprozeß bestimmen. Er ist einer Reihe von Werten verpflichtet: Wahrheit, Klarheit, Beständigkeit, Rationalität, Objektivität. Aber der Wissenschaftler *als* Wissenschaftler geht nicht darüber hinaus, er beschränkt sich selbst in dem Suchen nach Wissen auf sein spezialisiertes Forschungsfachgebiet.

Humanistische Eupraxophie versucht andererseits, phiolosophische Folgerungen aus der Wissenschaft für das Leben der Menschen zu ziehen. Sie versucht, eine kosmische Perspektive zu entwickeln, die auf den zuverlässigsten Ergebnissen, die an der Grenze der Wissenschaft anzutreffen sind, basiert. Sie erkennt die Wissenslücken und die Dinge, die wir nicht wissen, die noch untersucht werden müssen. Sie ist sich lebhaft der Notwendigkeit von Fehlbarkeit und Agnostizismus über das, was wir machen und nicht wissen, bewußt. Trotzdem wendet sie kühn praktische wissenschaftliche Weisheit auf das Leben an.

Eupraxophie, im Gegensatz zu Philosophie und Wissenschaft, konzentriert sich nicht auf ein spezialisiertes Wissengebiet; sie versucht, die Auswirkung des gesamten wissenschaftlichen Wissens auf das Einzelleben zu verstehen. Trotzdem sind die Bereiche der Philosophie, der Wissenschaft und der Eupraxophie nicht starr. Philosphen können Wissenschaftlern helfen, ihre Entdeckungen zu interpretieren, sie zu anderen Forschungsgebieten ins Verhältnis zu setzen und einen umfassenderen Standpunkt zu entwickeln. Bei alledem geht Eupraxophie über Philosophie und Wissenschaft hinaus, indem sie versucht, eine zusammenhängende Lebenssicht als Grundlage anzubieten, auf der wir zu handeln gewillt sind. Sie ist der Boden, auf dem wir stehen, die letztendliche Ansicht, die unsere Realitätseinschätzung bestimmt.

Entsprechend ist die Hauptaufgabe der Eupraxophie, die Natur und das Leben zu verstehen und konkrete, normative Vorschriften aus diesem Wissen abzuleiten. Eupraxophie hat daher ihre Wurzeln in der Philosophie, der Ethik und der Wissenschaft. Sie hat mindestens zwei Schwerpunkte: Eine kosmische Perspektive und eine Reihe normativer Ideale, nach denen wir unser Leben ausrichten können.

Anmerkungen

1. Julian Huxley, *Religion Without Revelation* (London: Watts, 1927).
2. John Dewey, *A Common Faith* (New Haven: Yale University Press, 1934).
3. Paul Tillich, *The Courage To Be* (New Haven: Yale University Press, 1952); *The Dynamics of Faith* (New York: Harper & Row, 1957); *Systematic Theology,* Bände 1-3 (Chicago: University of Chicago Press, 1951, 1963).
4. Sidney Hook, *The Quest for Being* (New York: St. Martin's Press, 1961); Joseph Fletcher, *"Is Secular Humanism a Religion?" Free Inquiry* 6, no. 1 (Winter 1985/1986); Corliss Lamont, The Philosophy of Humanism (New York: Friedrich Unger, 1965).
5. Karl Marx, *Economic and Philosophic Manuscripts of 1844;* Friedrich Wilhelm Nietzsche, *Thus Spake Zarathustra;* Sigmund Freud, *The Future of an Illusion* und *Moses and Monotheism;* Jean-Paul Sartre, *Being and Nothingness;* Bertrand Russell, *On God and Religion,* herausgegeben von Al Seckel (Buffalo, N.Y.: Prometheus Books, 1986).
6. Paul Kurtz, *The Transcendental Temptation: A Critique of Religion und the Paranormal* (Buffalo, N.Y.: Prometheus Books, 1986).
7. Paul Kurtz, *Forbidden Fruit: The Ethics of Humanism* (Buffalo, N.Y.: Prometheus Books, 1988).
8. Der erste Zusatz (First Amendment) zur Verfassung der Vereinigten Staaten von Nordamerika heißt: "Der Kongreß soll kein Gesetz hinsichtlich der Gründung von Religion, oder zum Verbieten ihrer freien Ausübung erlassen."
9. Dieses Argument wurde von John W. Whitehead aus Rechtsgründen vorgebracht. Siehe *The Second American Revolution* (Westchester, Ill.: Crossway Books, 1985). Es war eine Entscheidung in dem Fall von Mobile, Alabama im Jahre 1987, als Richter Brevard Hand urteilte, daß säkularer Humanismus eine Religion sei; das Oberste Gericht (Supreme Court) hob später dieses Urteil auf.
10. Richard J. Neuhaus, *The Naked Public Square: Religion and Democracy in America* (Grand Rapids, Mich.: Eerdmans, 1984).
11. Paul Kurtz, "Functionalism and the Justification of Religion," *Journal of Religion* 38, no. 3 (July 1958); *The Fullness of Life*

(New York: Horizon Books, 1974).
12. Siehe besonders *Humanist Manifesto I* (1933), welches Humanismus als eine Religion betrachtet. Nachdruck in *Humanist Manifestos I und II*, herausgegeben von Paul Kurtz (Buffalo, N.Y.: Prometheus Books, 1973).
13. Dies trifft besonders auf die Ethik des zwanzigsten Jahrhunderts zu, bei Philosophen wie G. E. Moore (*Principia Ethica,* Cambridge, 1903), den Deontologen W. D. Ross und H. A. Prichard (Deontologie, Ethik als Pflichtenlehre), und den Emotivisten A. J. Ayer und C. L. Stevenson (Emotivität = Gefühlsbedingtheit).

II. Was ist Humanismus?

In der Welt der Griechen und Römer gab es die Eupraxophien Epikureismus, Stoizismus und Skeptizismus. Jeder hatte eine metaphysische Weltsicht, jeder gab konkrete ethische Empfehlungen darüber, wie man ein gutes Leben führen kann, und jeder hatte epistemologische Theorien (Epistemologie = Erkenntnistheorie in der angelsächsischen Philosophie, Anm. d. Übers.). Es hat noch viele andere Eupraxophien gegeben: Utilitarismus, Marxismus, Existentialismus, Pragmatismus, vielleicht sogar der Konfuzianismus und einige Formen des Buddhismus; jeder enthält verschiedene Elemente der Eupraxophie. Einige dieser Schulen haben sich jedoch hauptsächlich mit der *Eupraxie* befaßt (das heißt, mit dem guten Handeln), und sie spielen die *Sophie* herunter, den wissenschaftlichen und philosophischen Weltblick. Einige von ihnen, wie der Marxismus und der Utilitarismus konzentrieren sich hauptsächlich auf *soziale Praxis.*

Es gibt viele Varianten des Humanismus: naturalistischer, existentieller, marxistischer, pragmatischer und liberaler. Wir können uns fragen: Was ist das Besondere an der Eupraxophie des zeitgenössischen säkularen Humanismus? Ich möchte eine Definition des Humanismus vorschlagen, die durch und durch säkular ist. Diese Definition ist nicht willkürlich, denn sie klassifiziert eine Reihe von Lehrsätzen, die von vielen Wissenschaftlern und Philosophen vertreten werden, die sich selbst als Humanisten verstehen. Nichtsdestotrotz enthält sie eine einem langen Brauch folgende Empfehlung darüber, wie man den Ausdruck *Humanismus* benutzen soll. Humanismus schließt mindestens vier Hauptmerkmale ein: (1) Er ist eine Untersuchungsmethode; (2) er vertritt einen kosmischen Weltblick; (3) er enthält einen konkreten Satz ethischer Empfehlungen für die Lebensgestaltung des einzelnen; und (4) er drückt eine Reihe gesellschaftlicher und politischer Ideale aus.

Eine Untersuchungsmethode

Eine wichtige Charakteristik des zeitgenössischen säkularen Humanismus ist seine Verpflichtung auf eine Untersuchungsmethode. Dieser Zug ist so wichtig, daß man sogar sagen kann, daß er als Grundprinzip des säkularen Humanismus funktioniert. Fragen nach Sinn und Wahrheit sind immerwährend in der Geschichte der Philosophie, und sie sind seit dem Anwachsen der modernen Wissenschaft in den Brennpunkt gerückt. Epistemologie ist auch eine Hauptfrage des säkularen Humanismus.

Humanistische Epistemologie kann am besten durch das, wogegen sie antritt, beschrieben werden. Sie verwirft den Gebrauch willkürlicher Gewalt, die eingesetzt wird, um Sachverhalte zu verschleiern oder etwas per Gesetz als wahr zu erklären. Während der ganzen Geschichte der Menschheit hat es dauernd Versuche durch institutionalisierte Macht gegeben, genau das zu tun. Die Kirche und der Staat sind besonders anfällig dafür gewesen, zu definieren, was Orthodoxie ist, sie in Gesetze zu kleiden und durchzusetzen. Soziale Ordnung ist deshalb notwendig, weil die Menschheit es als nützlich oder notwendig ansieht, das Verhalten zu reglementieren. Sitten geben dem gesellschaftlichen Verhalten eine gewisse Stabilität und versetzen Menschen in die Lage, ein klares Verständnis darüber zu gewinnen, was bei ihren Handlungen von ihnen erwartet wird, und was die annehmbaren Randbedingungen zivilisierter Unterhaltung und Benehmens sind. Die Spielregeln, nach denen wir arbeiten und leben, sind festgelegt, in Verfassung, Satzungen, Verträgen, Gesetzen und Verordnungen, und sie befähigen uns, unsere gemeinsamen Ziele zu erfüllen. Es ist jedoch nur die eine Seite, Verhaltensregeln per Gesetz zu erlassen und sie mittels Sanktionen durchzusetzen; wobei in demokratischen Gesellschaften Möglichkeiten offenbleiben, sie zu verändern und neu zu gestalten. Es ist etwas ganz anderes, eine unveränderliche Orthodoxie des Glaubens in der Wissenschaft, Philosophie, Literatur, den Künsten, der Politik, Moral oder Religion aufrechtzuerhalten und zu versuchen, akzeptable Weisen des persönlichen Betragens per Gesetz zu erlassen. Hier ist die Berufung auf die Macht nicht legitim, denn es ersetzt einen angepaßten Glauben gegen intelligent begründetes Wissen. Das Etablieren orthodoxen Glaubens unterdrückt Entdeckungen und blockiert das Hinterfragen. Die Übertragung von starren Glaubenssystemen früherer Zeiten in die Zukunft verhindert mutige neue Anfänge des Denkens. Sogar die beliebtesten Glaubensrichtungen, die zur Zeit so liebevoll verteidigt werden, können veralten; schreiende Unwahrheit besteht als durch Gewohnheit verknöchertes Vorurteil.

Die Geschichte ist angefüllt mit pathetischen Versuchen vergangener

Zivilisationen, ihre Glaubenssysteme zu verewigen. Bemühungen, widerstreitende Meinungen zu zensieren, haben oft zu gewalttätigen gesellschaftlichen Konflikten geführt. In den schlimmsten Szenarien ist solche Unterdrückung zu reiner Geistestyrannei ausgeartet. Diktaturen, Kirchenfürsten und machtvolle Oligarchen haben versucht, die Gedanken eines jeden, der unter ihre Jurisdiktion fiel, zu überwachen. Sie benutzten die Heilige Inquisition, die Gestapo oder den NKWD (Gestapo-ähnliche Institution der ehemaligen UdSSR, Anm. d. Übers.), um Meinungsverschiedenheiten zu unterdrücken. In einer schwächeren Form ersetzt Konformitätsdruck die öffentliche Meinung oder die Meinung der maßgeblichen Fachleute der Zeit für schöpferische und unabhängige Forschung. Das Beharren auf konventioneller Weisheit erstickt daher neue Ideen. Keine Gruppe kann für sich in Anspruch nehmen, ein Monopol auf Weisheit oder Tugend zu besitzen. Ihre liebsten Überzeugungen zu einem *obiter dicta* (einem nicht verbindlichen Schiedsspruch) für jedermann in der Gesellschaft zu erklären, ist zum Scheitern verurteilt. Obgleich Macht das Hauptkriterium für das endlose Bestehen eines Glaubenssystems ist, ist das keine Garantie für gesellschaftliche Stabilität, denn die sogenannten Fachleute sind bezüglich der Wahrheit oft unterschiedlicher Meinung. Die herrschenden Glaubenssysteme eines Zeitalters können die keinem Verständnis zugänglichen Dummheiten des nächsten sein. Gedankenlose Fanatiker möchten ein Hinterfragen ihrer verehrten Glaubensattribute verhindern; sie haben Angst vor Wandel und Herausforderung. Leider sind alle großen orthodoxen Religionen geschichtlich gesehen der Versuchung erlegen, ihren Glauben mit Gewalt durchzusetzen - wenn und wo sie die Macht hatten, das zu tun - und ihre Praktiken der übrigen Gesellschaft aufzustülpen. Orthodoxe Religionen haben es zugelassen, daß fanatische Intoleranz herrschte. Sie haben denjenigen, die ihnen nicht zustimmten, das Recht verweigert, ihre entgegengesetzten Glauben oder abweichenden Meinungen kundzutun.

Die gleiche Engstirnigkeit gibt es in mächtigen politischen und wirtschaftlichen Eliten, die jegliche Veränderung ihrer privilegierten Positionen fürchten, und daher versuchen, per Gesetz das durchzudrücken, was sie als das einzig legitime Glaubenssystem ansehen. Sie bemühen sich, Außenseiter, die ihre Vorrangstellung bedrohen, dadurch auszuschließen, daß sie sie zu politischen Ketzern oder religiös Ungläubigen erkären. In der Religion sind orthodoxe Glaubenssysteme in alten Dogmen verwurzelt, die als so heilig angesehen werden, daß sie gegen objektive Untersuchung gefeit sind. Die Ansprüche, die im Namen Gottes erhoben werden, sind in privilegierte Offenbarungen gekleidet, die von oben empfangen wurden. Die Ansprüche auf göttliche Autorität werden durch Päpste, Kardinäle, Bischöfe, Rabbiner, Mullahs, Gurus und andere Verteidiger des Glaubens gegen kritische Untersuchungen abgeschirmt. In der Politik und Wirtschaft sind andersartige Minderheiten von den Weihen der Macht ausgeschlossen. Es gibt kein Forum, keine Möglichkeit, sich an offener Befragung zu beteiligen. Auf diese Art liegt die sogenannte "höhere Wahrheit" außerhalb des Wettbewerbs und wird vor Analysen geschützt. Ein ähnlich einheitliches Krankheitsbild gibt es in Philosophie oder Wissenschaft, wenn angenommen wird, sie wären gegen freie Forschung gefeit. Thomismus, Calvinismus und Marxismus-Leninismus wurden zu verschiedenen Zeiten in der Geschichte von denen, die sie im Namen sich abkapselnder Machteliten verteidigten, als offizielle Doktrinen angesehen. Dasselbe trifft auch für den Lysenkoismus unter Stalin oder die Rassentheorien unter den Nazis zu. Im Kampf um Bürgerrechte in demokratischen Gesellschaften ist unterdrückenden Oligarchien politische Macht abgerungen worden. Unglücklicherweise ist das Recht auf Wissen nicht weltweit als grundsätzliches Menschenrecht in allen Gesellschaften anerkannt, und es gibt weite Bereiche - besonders in den Bereichen Religion und Moral - die als von jeglicher Kritik ausgeschlossen angesehen werden.

Das erste Prinzip des Humanismus ist eine Verpflichtung zu freier Forschung auf jedem Gebiet menschlichen Strebens. Das bedeutet, daß jegliche Bemühung, den freien Geist daran zu hindern, sein Recht Fragen zu stellen und Forschung zu veranlassen, ungerechtfertigt ist.

Aber welche Forschungsmethoden sollten gebraucht werden? Wie bewerten wir Wahrheitsansprüche? Philosophen debattieren schon lange die Frage "Was ist Wahrheit?" Wie wir Wissensbehauptungen bewerten, hängt von dem Gegenstand der Untersuchung ab, ob es sich um Wissenschaft, Mathematik, Philosophie, Ethik, Politik, Wirtschaft, Geschichte oder die Künste handelt. Lassen wir es fürs erste genügen, eine kleine Anzahl epistemologischer Kriterien, die auf verschiedene Disziplinen zutreffen, zu erläutern, ohne langatmige Erklärungen zu ihrer Verteidigung.[1] Ich werde mich auf Skeptizismus, die wissenschaftliche Methode, und kritische Intelligenz konzentrieren.

Skeptizismus ist ein wichtiges methodologisches Forschungsprinzip. Ich beziehe mich nicht auf negativen oder nihilistischen Skeptizismus, der ja gerade die Möglichkeit verwirft, zuverlässiges Wissen zu erlangen, sondern auf positiven, selektiven Skeptizismus. Dieses Prinzip des Skeptizismus besagt, daß die Zuverlässigkeit einer Hypothese, einer Theorie oder einer Meinung eine Funktion der Gründe, des Beweises oder der Ursachen ist, durch die sie unterstützt wird. Wenn eine Behauptung nicht durch eine objektive Bewertung oder Überprüfung gerechtfertigt ist, sollten wir vorsichtig damit sein, daran festzuhalten. Die Menge der unterstützenden Beweise hängt vom Gegenstand der Untersuchung ab.

Probabilismus weist auf den Grad der Sicherheit hin, mit dem wir gewillt sind, über Wahrheitsansprüche Gewißheit zu erlangen. Wir sollten keiner Meinung vollkommene Unfehlbarkeit zuerkennen. Wir sollten bereit sein zuzugeben, daß wir uns irren können. Meinungen sollten als Hypothesen aufgefaßt werden: Sie sind vorläufig oder hypothetisch, abhängig vom Grad der Beweise oder dem Wert der Argumente, die zur Unterstützung vorgebracht werden.

Fallibilismus ist ein Prinzip, das anzeigt, daß sogar, wenn eine Behauptung als gut abgesichert angesehen werden kann, wir trotzdem bereit sein sollten, unsere Meinungen zu ändern, wenn später neue Argumente oder Beweise auftauchen, die entweder zeigen, daß wir uns geirrt haben, oder daß unsere Wahrheit nur begrenzt oder eine Teilwahrheit war. Dieses trifft auf Gebiete formalen Wissens wie Mathematik genauso zu wie auf Experimentalgebiete der Forschung. Der Skeptiker sollte für alle Fragen offen sein und versuchen, eine verantwortliche Forschung auf irgendeinem Gebiet zu Ende zu bringen. Wenn es nach der Untersuchung nicht genügend Beweise gibt, kann der Skeptiker sagen, daß der Anspruch unwahrscheinlich oder falsch ist, oder wenn weitere Untersuchungen möglich sind, mag er es vorziehen, eine Beurteilung zu verschieben und zuzugeben, daß er es nicht weiß. Agnostizismus ist in dieser Hinsicht eine sinnvolle Option. Wir sollten bereit sein, einen großen Bereich von Glaubensansprüchen anzuzweifeln, die gegenwärtig nur eine geringe Aussicht haben, eingelöst zu werden. Skeptizismus ist daher eine notwendige Methode, die in der Wissenschaft, in der Technologie, Philosophie, Religion, Politik, Moral und im gewöhnlichen Leben benutzt wird.

Aber die Frage darf gestellt werden: *Welche* Methode sollte man anwenden, um Meinungen zu gewährleisten? Was sind die Kriterien, um sie zu bestätigen und sie rechtskräftig zu machen? Ohne zu versuchen, diese Frage hier vollkommen zu lösen, möchte ich folgende Kriterien vorschlagen:

Erstens sollten wir uns der *Erfahrung* auf allen Gebieten zuwenden, wo dieses angemessen ist. Hiermit meine ich Beobachtungen, Beweise, Tatsachen, Daten - vorzugsweise unter Einbeziehung von Grundlagen, die auch anderen Gebieten angehören, und die nachvollzogen oder bestätigt werden können. Rein subjektive oder private Wege der Wahrheitsfindung müssen zwar nicht willkürlich verworfen werden, doch andererseits können sie auch nicht einfach dem Wissensumfang hinzugefügt werden, außer wenn sie von anderen zuverlässig bestätigt und verstärkt werden können. Diese empirische Überprüfung ist grundlegend. Aber wenn wir daraus irgendwelche Schlußfolgerungen ziehen wollen, dann müssen sie auf Erfahrungsbehauptungen beruhen, die öffentlicher Untersuchung zugänglich sind, und nicht nur sicherstellen, ob sie sich ereigneten, sondern auch ihre wahrscheinlichen Ursachen auslegen.

Zweitens, wenn eine bestimmte Erfahrung nicht wiederholt werden kann, mag es Beweise geben, die aus den Umständen abgeleitet worden sind, oder zumindest *vorhersagbare* Ergebnisse, durch die wir die Angemessenheit bewerten können. Mit anderen Worten, unsere Meinungen sind Verhaltensformen, und sie können - wenigstens teilweise - durch die festgestellten Konsequenzen überprüft werden. Dies ist ein Überprüfungskriterium, nicht nur in Laboratorien angewandt, sondern auch im täglichen Leben, wenn wir Meinung nicht nur nach dem bewerten, was Menschen sagen, sondern auch nach dem, was sie machen.

Drittens, wir benutzen einen *rationalen* Test des deduktiven Zusammenhangs, beurteilen unsere Theorien oder Meinungen im Verhältnis zu denen, die wir bereits als zuverlässig akzeptiert haben. Hypothesen und Theorien können nicht isoliert von anderem Wissen, das wir als wahr ansehen, betrachtet werden. Sie verhalten sich dazu als konsistent oder als inkonsistent und werden nach dem Gültigkeitskriterium beurteilt. Wir finden diese Überprüfungsmethode nicht nur bei mathematischen, logischen und formalen Systemen, sondern auch in der Wissenschaft und bei gewöhnlichen Angelegenheiten, wenn wir Meinungen auf ihre inneren Zusammenhänge hin überprüfen.

Die vorgenannten Kriterien werden am ausdrücklichsten in der Wissenschaft benutzt, wo hypothetisch-deduktive Methoden vorherrschen, und wo wir Hypothesen formulieren und diese auf ihre experimentelle Angemessenheit sowie ihren logischen Zusammenhang hin testen. Wissenschaft ist keine Methode des Wissens, die nur einer esoterischen Clique von Fachleuten zugänglich ist. Ähnliche Normen der Überlegung werden im täglichen Leben angewandt, wenn wir vor Problemen stehen und praktische Fragen lösen möchten. Die Begriffe *Vernunft, Rationalität* und *Vernünftigkeit* sind manchmal benutzt worden, um die allgemeine Methodologie zu beschreiben, die Humanisten befürwortet haben. Das heißt, wir sollten Wahrheitsansprüche soweit wie möglich objektiv überprüfen, und wenn Ansprüche einer Überprüfung durch die Vernunft (breit angelegt, Erfahrung und Rationalität einschließend) nicht bestehen, sollten wir sie verwerfen oder die Beurteilung verschieben. Wir stehen heute vor einer epistemologischen Krise, denn bei der zunehmenden Spezialisierung des Wissens beschränken Fachleute den Gebrauch objektiver Forschungsmethoden auf ihr eigenes Fachgebiet und sind nicht gewillt, Vernunft auf andere Gebiete menschlichen Wissens auszudehnen. Worum es sich hier handelt, ist, ob wir die Kräfte der Vernunft anwenden können, so daß sie einigen Einfluß auf die Gesamtheit der Meinungen haben.

Vielleicht ist der beste Ausdruck, um Objektivität bei der Überprüfung von Wahrheitsansprüchen zu beschreiben, *kritische Intelligenz*. Das heißt, wir müssen unsere Kräfte kritischer Analyse und Beobachtung benutzen, um Meinungsfragen sorgfältig zu bewerten. Zuerst müssen wir definieren, was auf dem Spiel steht. Hier ist eine Klarheit der Bedeutung wesentlich. Wir müssen uns darüber im klaren sein, was wir wissen möchten, und worum es sich handelt. Wir müssen fragen: Was für alternative Erklärungen werden geboten? Wir formulieren Hypothesen und entwickeln Meinungen, die uns helfen, unsere Verwirrung zu lösen. Der springende Punkt ist, daß nur objektive Beweise und Vernunft gut genug sind, um alternative Hypothesen zu bewerten.

Das Besondere am Humanismus als Eupraxophie ist, daß *er die Methoden objektiver Forschung auf alle Lebensbereiche ausdehnen möchte, einschließlich aller religiösen, philosophischen, ethischen und politischen Belange, die oft nicht untersucht werden.* Es hat breitangelegte Forschung in Sonderbereichen wissenschaftlicher Gebiete gegeben, vor allem, seitdem technologische Entdeckungen der menschlichen Wohlfahrt einen enormen Dienst geleistet haben. Trotzdem haben oft gewaltige Kräfte der freien Forschung mißtraut, und sie tatsächlich daran gehindert, die Grundlagen sozialer, moralischer und religiöser Systeme zu erforschen. Die Frage ist, ob objektive Forschungsmethoden überhaupt auf diese wichtigen Bereiche menschlicher Belange angewandt werden können? Wenn kritische Intelligenz blinde Appelle an die Obrigkeit, Sitte, Glauben oder Subjektivität ersetzte, könnte sie die Gesellschaft radikal verändern. Geistesfreiheit kann für die privilegierten Bastionen des Status quo bedrohlich sein.

Kein Zweifel, genau hier haben wir einen grundsätzlichen Streitpunkt zwischen Humanismus und Theismus: die Anwendung wissenschaftlicher Methoden, Rationalismus und kritischer Intelligenz zur Bewertung transzendentaler Behauptungen. Die Kritiker des Humanismus sagen, daß er beinahe schon per Definition Ansprüche auf ein Reich des Transzendentalen ausschließt. Ich behaupte, daß dies nicht der Fall ist; denn der Humanist ist gewillt, jeden ernsthaften Wahrheitsanspruch zu untersuchen. Die Last des Beweises liegt jedoch bei dem Gläubigen, der klar die Bedingungen anzugeben hat, unter denen seine Vorstellungen widerlegt werden könnten. Der Humanist besteht darauf, daß alles, was untersucht wird, auch sorgfältig umrissen sein muß. Reden über Gott ist im allgemeinen vage, zweideutig, sogar unverständlich. Der Humanist möchte als nächstes wissen, wie der Gläubige seine Wahrheit rechtfertigt. Wenn eine sinnvolle Behauptung vorgebracht wird, muß sie erhärtet werden. Das bedeutet, daß private, mystische oder subjektive Behauptungen bezüglich der Offenbarung oder göttlicher Präsenz, oder einfache Erklärungen durch kirchliche Amtsträger, daß etwas wahr ist, nicht zulässig sind, außer sie können intersubjektiv (intersubjektiv: verschiedenen Einzelsubjekten gemeinsam, sie umfassend oder erfüllend (Philosophie), Anm. d. Übers.) bestätigt werden. Wir können nicht aus "a priori"-Gründen Einsichten, die aus Literatur, Poesie oder den Künsten gezogen wurden, ausschließen. Diese drücken anhaltendes menschliches Interesse aus. Wir möchten nur, daß sie sorgfältig analysiert und objektiv überprüft werden. Ästhetische Erfahrung ist ein kostbarer Teil menschlicher Erfahrung, und sie kann einen Reichtum an Einsichten und Anregungen bedeuten. Jegliches Wissen über die Welt aus diesen Quellen muß jedoch sorgfältig bewertet werden.

Der Humanist ist für die feinen Unterschiede der menschlichen Erfahrungen aufgeschlossen, aber er besteht darauf, daß wir die Kraft unserer kritischen Urteilsfähigkeit benutzen, um die Wahrheitsansprüche zu bewerten. In diesem Sinne greift er auf das überprüfte Wissen und die zu seiner Zeit beste verfügbare Weisheit zurück. Er wird die Behauptungen von anderen akzeptieren - auch wenn er nicht jede dieser Behauptungen persönlich überprüft hat -, aber nur, wenn er sicher ist, daß diese Behauptungen durch objektive Methoden verbürgt sind, und daß er oder jemand anders die Zeit, Energie und die Ausbildung hatte, die benutzten Verfahren zu überprüfen, um die Ergebnisse zu bekräftigen. Die Methoden kritischer Intelligenz sind nicht nur auf deskriptive Wahrheitsansprüche auzuwenden, mit denen wir versuchen, natürliche Prozesse zu beschreiben und zu erklären, sondern auch auf normative Urteile, in denen wir eupraxische Empfehlungen in verschiedenen Domänen menschlichen Handelns formulieren.

Eine kosmische Weltsicht

Humanistische Eupraxophie tritt nicht einfach für eine Methode der Erforschung ein, die auf wissenschaftlichen Methoden basiert; sie trachtet auch danach, die Wissenschaften für die Interpretation des Kosmos und den Platz, den die menschliche Spezies darin einnimmt, zu nutzen. Der Humanist versucht daher, einen verallgemeinerten Sinn der Wirklichkeit zu gewinnen. Spekulative Metaphysik hat heute einen schlechten Ruf, und das ist auch berechtigt, wenn sie versucht, allgemeingültige Prinzipien der Wirklichkeit durch rein intuitive oder metaphorische Methoden zu gewinnen. Die Hauptquelle für die Erlangung von Wissen über die Natur sollte die menschliche Erfahrung sein. Es liegt in den verschiedenen Disziplinen der wissenschaftlichen Forschung und Lehre, daß zuverlässige Hypothesen und Theorien erarbeitet und erprobt werden. Wenn das der Fall ist, dann muß jegliche umfassende Naturbetrachtung sich ganz stark auf das heutige wissenschaftliche Naturverständnis stützen. Da Wissenschaft das Wissen sehr schnell anwachsen läßt, verändern sich Prinzipien, Hypothesen und Theorien laufend. Es mag zeitweilig grundlegende Veränderungen des Ausblicks geben, bei denen man althergebrachte Paradigmen ändert, wie zum Beispiel die grundlegende Umwandlung der auf Newton basierenden Wissenschaft durch die Relativitätstheorie und die Quantenmechanik. Wir bemerken auch den grundlegenden Wandel, der in der Gentechnik, der Biologie, der Psychologie und den Sozialwissenschaften vor sich ging, sowie auf anderen Forschungsgebieten im 20. Jahrhundert. Es gibt Zeiten, in denen wir Wissen durch einen Prozeß der Vervielfältigung und Hinzufügung ansammeln und ausarbeiten. Zu anderen Zeiten kann es radikale Unterbrechungen geben: Neue Theorien könnten eingeführt und überprüft werden, und sie könnten den vorherrschenden Ausblick grundlegend verändern. Man muß bereit sein, eine kosmische Perspektive im Lichte neuer Daten und Theorien zu verändern. Wir müssen unsere Formulierungen als vorläufig auffassen und bereit sein, Theorien im Lichte neuer Entdeckungen zu revidieren.

Unglücklicherweise wissen Wissenschaftler in speziellen Fachbereichen oft nichts über Entwicklungen auf anderen Gebieten, und sie könnten unwillig oder unfähig sein, ihre Ergebnisse mit Wissensbereichen außerhalb ihres Könnens in Bezug zu setzen oder eine kosmische Sicht zu entwickeln. An dieser Stelle kommt die Philosophie ins Spiel: Der Philosoph sollte das Wissen einer Disziplin interpretieren und es zu anderen Bereichen ins Verhältnis setzen. Per Definition ist Philosophie allgemein gehalten, denn sie befaßt sich damit, allgemeine Methoden, Prinzipien, Postulate, Axiome, Annahmen, Konzepte und Verallgemeinerungen, die in breit gefächerten Bereichen benutzt werden, zu finden. Hier beziehe ich mich auf die Wissenschaftsphilosophie und auf die Analysemethoden und Verallgemeinerungen, mittels derer sie die verschiedenen Wissenschaften interpretiert.

Die großen Philosophen haben immer versucht, so zu handeln. Die *Metaphysik* des Aristoteles schuf eine kritische Auslegung der Schlüsselkonzepte und Kategorien, die unserem Wissen über die Natur zugrunde lagen. Descartes, Leibniz, Hume, Kant, Russell, Dewey, Whitehead und andere dachten ähnlich über die Wissenschaft ihrer Tage nach und versuchten sie zu interpretieren. Heute müssen wir das gleiche tun, obgleich es viel schwieriger sein könnte als in der Vergangenheit, und zwar wegen der ungeheuren, andauernden Ausbreitung der Wissenschaften; es ist für einen einzelnen Denker schwierig, die enorme Menge an Sonderbereichen zu einem großen Ganzen zu summieren. Wenn wir, wie bisher, in diesem ehrgeizigen Unternehmen nicht erfolgreich sind, können wir es zumindest auf eine bescheidenere Art versuchen. Durch die Anwendung der Physik, der Astronomie und der Naturwissenschaften können wir einige Kosmologien entwickeln, die das expandierende Universum erklären. Unter Anwendung der Biologie und der Genetik können wir versuchen, die Evolution des Lebens zu interpretieren. Wir können die Psychologie benutzen, um das Verhalten der Menschen zu verstehen, und wir können mit Hilfe der Anthropologie, der Soziologie und der anderen Gesellschaftswissenschaften angemessene Theorien über soziokulturelle Phänomene entwickeln. Dies ist eine nie endende Herausforderung. Wir haben gegenwärtig keine umfassende Theorie des Universums. Nichtsdestotrotz haben wir kaleidoskopartige Bilder der Natur, die eine wissenschaftliche Grundlage besitzen.

Was vermittelt humanistische Eupraxophie uns über den Kosmos? Nähern wir uns der Frage erst einmal durch eine negative Definition, dadurch, daß wir aufzeigen, was unwahrscheinlich ist. Es gibt ungenügende Beweis dafür, daß ein göttlicher Schöpfer existiert, der das Universum durch einen Willensakt gezeugt hat. Die Beschwörung, daß Gott die Ursache für alles ist, ist ein reines *Postulat* ohne ausreichende Zeugnisse oder Beweise. Es ist ein Sprung, durch den man sich in einen Bereich außerhalb der Natur begibt. Das Konzept eines transzendentalen, übernatürlichen Wesens ist unverständlich; die Idee des Urgrundes, der selber nicht verursacht wurde, ist widersprüchlich. Selbst wenn die Theorie vom Urknall in der Astronomie gut für die Erklärung des schnell zurückweichenden und sich ausbreitenden Universums ist, gibt dies nichts für die Behauptung her, daß ein göttliches Wesen gleichzeitig oder vor dieser Explosion existierte. Der Urknall könnte das Ergebnis einer zufälligen Quantumsschwankung und nicht eines intelligenten Planes sein.

In ein solches kosmologisches Prinzip selektive menschliche Qualitäten hineinzuinterpretieren - Intelligenz, Perfektion oder Persönlichkeit -, ist unzulässig. Das Universum zeigt keinen Plan; hier gibt es augenscheinlich Regelmäßigkeit und Ordnung, aber Zufall und Konflikt, Chaos und Unordnung sind ebenfalls vorhanden. Das ganze Universum als *gut* zu beschreiben, ist eine anthropomorphe Darstellung der Natur, um sie den persönlichen moralischen Kategorien unterzuordnen. Wenn es im Universum das augenscheinlich Gute gibt, müßte es auch das augenscheinlich Schlechte geben, zumindest vom Standpunkt fühlender Wesen aus, die einander von Zeit zu Zeit beim Überlebenskampf zerstören oder die Naturkatastrophen ausgesetzt sind, die sie vernichten. Wenn das so ist, wie können wir das Schlechte mit einer vorsorgenden Gottheit versöhnen? Theisten sind so überwältigt von dem tragischen Charakter menschlicher Begrenztheit, daß sie gewillt sind, ihr tiefstes Sehnen in einen göttlichen Geist zu projizieren, und dieses befähigt sie, das Nichts zu transzendieren. Für den Theisten umfaßt das Universum einige teleologische (den Gottesbeweis betreffende, Anm. d. Übers.) Konzepte der Erlösung. Der Mensch steht auf irgendeine Weise im Mittelpunkt der Schöpfung, denn Gott ist durch den Menschen mit menschlichen Qualitäten ausgestattet, vor allem mit einer leidenschaftlichen Sorge um unseren Zustand. Gott wird uns retten, wenn wir uns Ihm nur vollkommen hingeben, Ihn anbeten, das, was menschlichem Verständnis nicht zugänglich ist, auf Vertrauensbasis akzeptieren und seinen moralischen Geboten, wie sie durch seine selbsternannten Emissäre auf Erden ausgelegt werden, gehorchen.

Viele Züge des anthropomorphen Charakters der Gottheit stammen aus alten Texten, die als heilig angesehen werden sollen, und die durch von der Gottheit besonders auserwählte Individuen enthüllt wurden. Die Bibel macht eine Aussage über den Eingriff des Heiligen Geistes in den Gang der Geschichte. Obwohl wissenschaftliche und gelehrte Bibelkritik es überreichlich verdeutlicht haben, daß die Bibel eine Schrift von Menschenhand ist, eine tausend Jahre alte Aufzeichnung der Erfahrung primitiver Nomaden- und Bauernstämme, die an den östlichen Gestaden des Mittelmeeres lebten. Es gibt keinen Beweis dafür, daß Jahve zu Abraham, Moses, Josef oder irgendeinem der Propheten des Alten Testaments sprach. Die biblischen Aufzeichnungen ihrer Erfahrungen sind Berichte über die nationale Existenz der Hebräer, die sich selbst durch den Mythos des "auserwählten Volkes" zu erhalten suchten. Diese Bücher sind nicht empirisch bewertet worden. Sie drücken eine antike Vorstellung über die Welt aus und die Moralvorstellungen einer vorwissenschaftlichen Kultur, die Gottheiten anfleht, ihre ideologischen Sehnsüchte heiligzusprechen.

Das Neue Testament präsentiert die unglaubliche Geschichte von Jesus, einem Mann, über den wir nur sehr geringe historische Kenntnis haben. Offensichtlich ist es kein objektiver historischer Bericht. Die "Göttlichkeit" Jesu ist nie angemessen gezeigt worden. Aber mächtige Kirchen haben vesucht, den Menschen die mystische Geschichte einzuprägen und abweichende Meinungen zu unterdrücken. Die Geschichten über Jesu Leben und Wirken, ausgedrückt in den vier Evangelien und den Paulusbriefen, wurden zwanzig bis siebzig Jahre nach seinem Tode geschrieben. Sie sind durch die Widersprüche der mündlichen Überlieferung rätselhaft, verteidigt durch Propagandisten einer neuen Offenbarungsreligion. Die biblischen Berichte können schwerlich als leidenschaftslose historische Beweise für den göttlichen Ursprung Jesu angesehen werden. Die sogenannten Wundergeschichten und -heilungen Jesu beruhen auf unbestätigten Zeugnissen ungebildeter Leute, die sich leicht betrügen ließen. Daß der Jesusmythos durch spätere Generationen weiter entwickelt und schließlich durch machtvolle Kircheneinrichtungen verkündet wurde, die Europa für annähernd zwei Jahrtausende beherrschten und noch einen übermäßigen Einfluß auf große Gebiete der Welt ausüben, ist ein Beweis für die Gegenwart einer transzendentalen Versuchung im Menschenherzen, die immer bereit ist, sich auf jeden kleinen Hoffnungsschimmer für ein Leben nach dem Tode zu stürzen.

Ähnlich skeptische Kritik kann gegen andere übernatürliche Religionen erhoben werden. Der Islam ist eine Religion, die auf den angeblichen Offenbarungen an Mohammed basiert, die vom Himmel durch den Erzengel Gabriel empfangen wurden, erst in Höhlen nördlich von Mekka und später an verschiedenen anderen Orten. Ein genaues Lesen der Literatur über die Ursprünge des Koran versetzt uns in die Lage, andere naturalistische Erklärungen von Mohammeds geistlichem Amt zu geben. Er könnte unter einer Art Epilepsie gelitten haben, die seine Trancezustände oder Ohnmachtsanfälle erklären. Er schaffte es, andere von seiner göttlichen Berufung zu überzeugen, und er benutzte diese Masche, um Macht zu erlangen. All das belegt die Leichtgläubigkeit der Menschen und ihre Bereitschaft, annehmbare Normen der Rationalität aufzugeben, wenn sie mit Ansprüchen auf eine "höhere Wahrheit" konfrontiert werden. Das gleiche kann man bei den Legionen von Heiligen, Propheten, Gurus und Schamanen im Laufe der Geschichte beobachten, die göttliche Offenbarungen bekanntgaben und ihre Behauptungen benutzten, um ihre Anhänger zu betrügen und zu beeinflussen.

Grundlegend für den monotheistischen Ansatz ist der Glaube an ein Leben nach dem Tode. Ist es für eine "Seele" möglich, den Tod ihres Körpers zu überleben? Jüdische, christliche und muslimische Anhänger glauben glühend an die Unsterblichkeit der Seele und Hindus an ihre Reinkarnation.

Unglücklicherweise haben die meisten tiefergehenden und objektiven Untersuchungen von Behauptungen über das Weiterleben gezeigt, daß sie empirisch nicht zu erhärten sind. Seelenforscher, Parapsychologen und Erforscher des Übersinnlichen haben länger als ein Jahrhundert Berichte über Gespenster, Geister, Erscheinungen und Poltergeister verfaßt, und doch gibt es nicht genug Daten, die eine körperlose Existenz belegen, trotz der Legionen von Spiritisten, Medien und vom Tode Zurückgekehrten, die behaupten, mit einem unsichtbaren Reich spiritueller Wirklichkeit in Verbindung zu stehen. Obwohl unsere schönsten Hoffnungen und Wünsche das Leben vor der Geburt oder nach dem Tode *wollen,* zeigen die Beweise in eine andere Richtung. Selbst wenn es bewiesen werden könnte, daß etwas kurz den Tod des biologischen Körpers überdauern würde, gibt es keinen Beweis für ein ewiges Leben oder eine gesegnete Vereinigung mit Gott. Der Beweis für ein Weiterleben beruht auf Wunschdenken und ist vollkommen unschlüssig. Tod scheint der natürliche Endzustand aller Lebensformen zu sein, obgleich die moderne medizinische Wissenschaft und Technologie in der Lage sind, Krankheit abzuwehren und das Leben zu verlängern. Der Humanismus ist daher bezüglich des ganzen Dramas des theistischen Universums skeptisch, daß Gott lebt und wir Rettung in einem Leben nach dem Tode finden können.

Aber was für ein Bild des Universums hat der Humanismus als Ersatz? Vielleicht nicht gerade eines, das den unstillbaren Durst existentiellen Verlangens einer verzweifelten Seele stillt, aber eines, das mehr mit der Welt, wie sie von der Wissenschaft entdeckt wurde, übereinstimmt. Was wir heute haben, ist ein offenes Universum, vielleicht unregelmäßig an seiner Peripherie und mit vielen Lücken in unserem Wissen, aber es ist ein Bild, das auf den besten verfügbaren Beweisen beruht. Beim jetzigen Stand des menschlichen Wissens scheinen die folgenden allgemeinen Lehrsätze wahr zu sein:

Objekte oder Vorkommnisse im Universum können materiell erklärt werden. Alle Objekte oder Vorkommnisse sind physikalischer Art. Materie, Masse und Energie können jedoch in verschiedenen Zuständen organisiert sein, von den kleinsten Mikropartikeln, kleiner als Atome, im Energiebereich, bis zu riesigen Objekten wie Planeten, Monden, Kometen, Sternen, Quasaren und Galaxien.

Wir treffen einerseits im Universum Ordnung und Regelmäßigkeit sowie andererseits Chaos und willkürliche Fluktuation an. Objekte und Vorkommnisse scheinen sich im Universum zu entwickeln. Veränderung ist ein andauernder Zug der bestehenden Dinge. Der Kosmos, so wie wir ihn heute begreifen, ist rund zehn bis zwanzig Milliarden Jahre alt; er scheint sich von einer riesigen Explosion her auszudehnen. Auf alle Fälle ist unser Planet nur ein Satellit eines kleinen Sterns in der Milchstraße, die gerade eben eine Galaxis von Milliarden anderen des unermeßlichen Universums ist. Was vor dem Urknall war, können die Physiker noch nicht erklären, und wie das Ende des Universums aussehen wird - ein anhaltendes Gewinsel oder ein großes Zermalmen, wenn die Materie implodiert -, ist auch schwer zu sagen.

Das Universum ist jedoch nicht unbelebt. Es ist wahrscheinlich, daß organisches Leben in anderen Teilen des Universums besteht. Die ältesten ausgegrabenen Fossilien auf der Erde sind über drei Milliarden Jahre alt. Die brauchbarste Hypothese, die verschiedenen Lebensformen auf unserem Planten zu erklären, ist, daß sie sich von gemeinsamem genetischem Material entwickelten und sich in verschiedene Spezies aufteilten. Evolution ist ein Ergebnis von Veränderungsmutationen, differentierter Fortpflanzung und Anpassung. Die menschliche Spezies hat sich wahrscheinlich über einen Zeitraum von einigen Millionen Jahren entwickelt, es zeigten sich dabei ähnliche Abläufe wie bei anderen Arten. Die Besonderheiten der menschlichen Primaten sind die Großhirnrinde und die Entwicklung eines vielschichtigen Sozialsystems mit dem Gebrauch von Werkzeugen sowie die Benutzung von Zeichen und Symbolen, um eine sprachliche Kommunikation zu ermöglichen. Die Genetik, die Biologie und die Psychologie erklären die Entstehung menschlichen Verhaltens und wie und warum wir sind, wie wir sind. Die Sozialwissenschaften sind in der Lage, die Entwicklung komplexer gesellschaftlicher Einrichtungen, die helfen, menschliche Grundbedürfnisse zu befriedigen, zu erklären.

Das Studium der Kultur zeigt, daß Einzelmitglieder der menschlichen Spezies physiochemische, biologische Systeme sind, die genetisch für bestimmte Verhaltensweisen vorprogrammiert sind, jedoch sind sie auch lernfähig. Sie werden durch Umweltfaktoren beeinflußt und sind fähig, ihr Verhalten anzupassen. Es scheint eine kreative Komponente für alle Formen organischen Lebens zu geben - dies trifft besonders auf die menschliche Spezies zu. Der menschliche Organismus reagiert auf Anregung nicht nur durch konditioniertes Verhalten, sondern zeigt auch kreative Impulse und kognitive Wahrnehmung. Menschen sind als Produkte der Natur in der Lage, die Ursachen und Bedingungen ihres Verhaltens zu verstehen, und sie sind fähig, in die Naturvorgänge einzugreifen und sie durch Entdeckung und Erfindung zu verändern. Früher war der Lauf der menschlichen Evolution größtenteils unbewußt und blind. Wir können jetzt, zu einem gewissen Ausmaß durch bewußte Anstrengungen, die Evolution der Spezies in eine andere Richtung lenken. Menschliches Verhalten könnte durch einfallsreiches Bemühen und Findigkeit verändert werden. Menschen zeigen klar, daß sie rationale Entscheidungen treffen. Sie sind in der Lage, Lebensprobleme zu lösen, und so zum Teil ihre Zukunft selbst zu bestimmen. Dies ist die Botschaft der humanistischen Lebenssicht.

Ein Lebensentwurf

Männer und Frauen haben die Fähigkeit, frei zu entscheiden. Wie sehr und in welchem Umfang, ist von Philosophen, Theologen und Wissenschaftlern heiß debattiert worden. Klar, unser Verhalten ist durch die Bedingungen, nach denen wir handeln, begrenzt oder durch sie bestimmt. Wir sind physiochemischen, genetischen, soziologischen und psychologischen Ursachen ausgesetzt. Trotz dieser kausalen Faktoren nehmen wir bewußt wahr, und wir sind zu einigen teleonomischen und bevorzugten Wahlentscheidungen in der Lage. Erkenntnis kann unser Verhalten selektiv steuern. "Was sollte ich wählen?" und "Wie sollte ich leben?" sind Fragen, die laufend gestellt werden. Gibt es Normen, die der Humanismus uns anbieten kann, um unser Verhalten zu lenken? Können wir irgendwelche langfristigen Zwecke oder Ziele entdecken? Gibt es ein Gut, das wir erstreben sollten? Gibt es ethische Normen für richtig und falsch? Gibt es einen klar umrissenen Satz ethischer Werte und Prinzipien, von denen man sagen könnte, sie seien humanistisch?

Dies sind große Fragen, und ich kann nur die Grundrisse dessen skizzieren, was ich als Ethik des Humanismus auffasse.[2] Die Kritiker des Humanismus behaupten, er habe keine richtigen moralischen Normen, daß er (sexuell) freizügig sei, und daß er es zulasse, daß subjektiver Geschmack und Laune den Vorrang haben. Ohne einen Glauben an Gott, versichern diese Kritiker, wäre eine Ethik der Verantwortlichkeit nicht möglich.

Diese Beschuldigungen entbehren jeglicher Grundlage. Sie rühren von einer bodenlosen Ignoranz gegenüber der Geschichte der philosophischen Ethik her, denn Philosophen haben die Möglichkeit einer autonomen Ethik gezeigt, in der moralische Verpflichtungen zutage treten.

Mit der Behauptung, daß Ethik autonom ist, meine ich einfach, daß es möglich ist, moralische Urteile darüber zu fällen, was gut, schlecht, richtig und falsch ist, unabhängig von der persönlichen Orientierung in Daseinsfragen. Das heißt, es gibt einen Schatz allgemeiner moralischer Anständigkeit, der sich aus der menschlichen Erfahrung entwickelt hat. Trotzdem hat humanistische Ethik Grundlagen, und diese sind in ihrer Eupraxophie zu finden, die sie in der letzten Analyse vervollständigt; denn, wenn Fragen der "letztendlichen" Verpflichtung oder des "letzendlichen" moralischen Zweckes aufkommen, ziehen sich die Theisten auf Gott zurück, während der Humanist dieser Behauptung skeptisch gegenübersteht, und seine Ethik in ein naturalistisches evolutionäres Universum stellt, in dem es keine Zweckbestimmung gibt. Der humanistische Lebensentwurf hat daher seine Grundlage in der Natur und in der Natur des Menschen.[3]

Es gibt mindestens zwei alternative Ansätze für das moralische Leben: (1) transzendentale theistische Moralsysteme; (2) humanistische Ethik. Lassen Sie mich einfach sagen, daß wenn Gott nicht existiert, und die sogenannten "heiligen" Texte nicht göttlich inspiriert, jedoch der Ausdruck menschlicher Kultur zu bestimmten historischen Perioden sind, dann können Appelle an transzendentale Ethik schwerlich als Richtlinien des Verhaltens dienen.

Es ist interessant, daß die Glaubenssysteme, die behaupten, unsere moralischen Verpflichtungen von einem Gottesglauben abzuleiten, oft widersprüchliche Verhaltenskodizes verkünden und sich laufend mit rivalisierenden Priesterschaften über deren Recht der richtigen Auslegung des Gotteswortes bekriegen. Auf alle Fälle sind alle Moralsysteme auf Menschen zurückzuführen. Es ist die Frage, was den menschlichen Moralbedürfnissen am besten dient - Theismus oder Humanismus? Der humanistische Lebensentwurf hat eine klar entwickelte Konzeption darüber, was "gute Praktik" und "richtige Führung" sind. Die Ethik des Humanismus, kann man sagen, fängt dort an, wo Männer und Frauen die "von Gott verbotenen Früchte" vom Baum der Erkenntnis darüber, was gut oder schlecht ist, essen. Kritische ethische Forschung versetzt uns in die Lage, nicht hinterfragte Sitten, blinden Glauben oder doktrinäre Herrschaft zu transzendieren und ethische Werte und Prinzipien zu entdecken. Humanisten behaupten, daß ein höherer Stand der moralischen Entwicklung erreicht ist, wenn wir uns über unreflektierte Angewohnheiten zu ethischer Weisheit hin weiterentwickeln. Dies schließt eine Wertschätzung hoher Normen und ein Bewußtsein für ethische Prinzipien und die moralische Verantwortung, die man anderen gegenüber hat, ein.

Humanismus fängt mit der Beantwortung der Frage "Was ist der Sinn des Lebens"? an. Der Theist sitzt durch den Rettungsmythos, von dem er glaubt, daß er seiner sterblichen Existenz einen Sinn gibt, in der Patsche, und er kann nicht verstehen, wie Menschen das Leben sinnvoll finden oder ohne diesen Mythos verantwortungsbewußt handeln können.

Die Suche nach transzendentalem Sinn ist ein unnützes Bemühen, denn es gibt keinen Beweis dafür, daß die Natur irgendwo eine mysteriöse göttliche Wirklichkeit versteckt hat, die, wenn sie einmal enthüllt ist, uns von der Notwendigkeit befreien wird, unsere eigene Wahl treffen zu müssen oder unser eigenes Schicksal zu bestimmen.

Das Leben hat per se keinen verdeckten besonderen Sinn. Die Versprechen von Priestern und anderen Religionsführern, einen Weg aufzuzeigen, ist oft einfach ein Betrug, der an einfältigen Seelen verübt wird, denen der Mut fehlt, ihre eigenen Kräfte voll zu entwickeln. Die Suche nach dem Heiligen Gral ist eine Flucht vor der Wirklichkeit, der Zufälligkeit und Begrenztheit.

Humanisten beginnen mit der Wahrnehmung, daß das Universum ein unermeßliches, unpersönliches System ist, ihren eigenen Interessen und Bedürfnissen unzugänglich, betrachten es aber als voller wunderbarer Herausforderungen und Gelegenheiten, die sie in die Lage versetzen, sich ihre eigenen Lebenswelten zu schaffen. Sie erkennen, daß Leben das unvermeidliche Schicksal aller biologischen Kreaturen ist, daß es der zentrale Wert ist, das Leben zu bereichern und zu erfüllen - von den angebotenen Früchten des Lebensbaums zu essen - und daß ihr Genuß, mit reichen Aromen und Düften von innen heraus kräftigen und anregen kann.

Nach *dem* Sinn des Lebens zu fragen, als ob es dazu nur einen Zauberschlüssel gäbe, ist nicht sinnvoll. Das Leben ist voll *verschiedener Bedeutungen;* es kann reich und übervoll an Möglichkeiten sein. Der Ausdruck *Bedeutung* ist nur für fühlende Wesen, die sich selbst bewußt sind, von Belang. Die Welt der Sinnhaftigkeit sind die Natur und Kultur, wo wir Sachen entdecken, die uns wichtig sind, und durch die wir unsere Pläne, unsere Projekte verwirklichen und Beziehungen schaffen, die von moralischem Wert sind.

Hier nun die humanistische Lebenshaltung: Humanisten schauen nicht zum Himmel wegen eines Versprechens göttlicher Erlösung. Sie stehen fest mit beiden Beinen auf Mutter Erde; sie haben den prometheischen Mut, Kunst, Wissenschaft, Anteilnahme, Vernunft und Bildung einzusetzen, um eine bessere Welt für sich selbst und ihre Mitmenschen zu bauen.

Vom Standpunkt des Individuums aus ist diese Summe alles Guten ein lohnendes Glück. Dies ist keine passive Erwartung, von der Welt erlöst zu werden, sondern ein aktives Leben voller Abenteuer und Erfüllung. Es gibt so viele Gelegenheiten aktiven Genusses, daß jeder Augenblick als kostbar angesehen werden kann; alle zusammen ergeben ein volles und üppiges Leben, das die Welt schöner macht.

Eine grundsätzliche Methode, ein gutes Leben zu erlangen, ist der Gebrauch der Vernunft; wir müssen die Fähigkeit zu kritischer Intelligenz in der ethischen Forschung sowie das Wissen um gut und böse pflegen, damit wir eine sinnvolle Auswahl treffen können. Für einen Humanisten bedeutet praktische Weisheit die Fähigkeit, nach einem Vorgang des Abwägens zwischen mehreren Alternativen zu wählen, dadurch, daß er die Mittel und Ziele und die Kosten und Konsequenzen seiner Wahl für sich und andere erwägt. Für den Theisten sind die höchsten Tugenden der Gehorsam gegenüber Gottes Geboten, Glaube an seine Erlösung, und irgendeine Form der Anbetung. Für den Humanisten sind die drei Grundtugenden (1) *Mut* - die Entschlossenheit, Hindernisse zu überwinden und sich trotz aller Widerwärtigkeiten durchzusetzen; (2) *Vernunft* - die Fähigkeit, kritische Intelligenz zu gebrauchen, um Probleme der Menschen zu lösen und die Natur zu verstehen; und (3) *Leidenschaft* - die moralische Wahrnehmung der Nöte anderer.

Historisch betrachtet haben Philosophen erkannt, daß Glück ein Grundwert des Lebens ist, obgleich sie lange über seine Natur gestritten haben. Hedonisten haben behauptet, daß Glück die Erlangung von Vergnügen und die Verhinderung von Schmerz ist; Leute, die sich selbst verwirklichen, haben gesagt, daß es die Erfüllung unserer Möglichkeiten ist. Ich gebe zu bedenken, daß beide Ideen im guten Leben enthalten sind, und daß wir sowohl bereichernden Genuß *als auch* eine kreative Umsetzung unserer Talente möchten. Wenn jemand einen Glückszustand erreichen will, muß er eine Anzahl trefflicher Eigenschaften entwickeln. Ich will sie nur aufzählen, ohne sie zu erklären: die Fähigkeit zu eigenständiger Wahl und Freiheit, Kreativität, Intelligenz, Selbstdisziplin, Selbstrespekt, hohe Motivation, guten Willen, eine bejahende Lebenseinstellung, gute Gesundheit, die Fähigkeit, Vergnügen zu genießen, und eine ästhetische Wertschätzung.[4] Männer und Frauen leben nicht für sich allein, sondern erfüllen ihre höchsten Ideale gemeinsam.

Man muß auch eine Wertschätzung für das, was wir "den allgemeinen moralischen Anstand" nennen, entwickeln. Ich behaupte, daß tief verwurzelt in unserer Geschichte als soziobiologische Wesen unsere Möglichkeiten zum moralischen Verhalten angelegt sind. Es gibt viele ethische Prinzipien, die die Vernunft entdecken kann: (1) *Integrität* - die Wahrheit sagen, Versprechen einhalten, aufrichtig und ehrlich sein; (2) *Vertrauenswürdigkeit* - Treue, Verläßlichkeit; (3) *Güte* - guter Wille, Abwesenheit von Schlechtigkeit, sexuelle Partnerschaft, Wohltätigkeit; und (4) *Aufrichtigkeit* - Dankbarkeit, Verläßlichkeit, Gerechtigkeit, Toleranz, Friedfertigkeit und Zusammenarbeit. Diese Prinzipien sind in allen Kulturen vorhanden. Sie sind sehr verbreitet und durch Menschen verschiedener geschichtlicher Perioden und Kulturen anerkannt worden. Im besonderen zeigt reflektive ethische Wahrnehmung die Tatsache, daß wir Verantwortung für uns selbst haben: unsere Fähigkeiten zu erfüllen und Selbstrespekt und Selbstbescheidung zu entwickeln. Aber wir haben auch für andere Verantwortung, besonders innerhalb der Familie: Eltern gegenüber ihren Kindern und Kinder gegenüber ihren Eltern. Der Ehemann gegenüber der Ehefrau und umgekehrt; Verwandte untereinander. Wir haben Verpflichtungen, die sich unter Freunden ergeben. Es gibt zusätzliche moralische Verpflichtungen, die sich in den Kreisen, in denen wir uns innerhalb unserer Gemeinschaften bewegen, ergeben. Und nicht zuletzt haben wir eine Verpflichtung gegenüber der gesamten Weltgemeinschaft. Ich führe im Augenblick diese ethischen Prinzipien oder moralischen Schicklichkeiten zwar ohne jegliche größere Rechtfertigung an, aber ich behaupte, daß ein Mensch mit einer nachdenklichen und entwickelten moralischen Wahrnehmung Normen für vorzügliche Leistung, Anstand und Verantwortlichkeit entdecken kann.

Die Ethik des Humanismus steht im scharfen Kontrast zu den theistischen Doktrinen. Der Sinn des guten Lebens ist es, den Wert des Lebens selber zu erkennen, unsere Träume und unser Streben, Pläne und Projekte hier und jetzt zu erfüllen. Es schließt nicht nur eine Sorge für das eigene Leben (etwas Eigennutz ist nicht schlimm, sondern wesentlich) und die Erfüllung der eigenen Wünsche, Bedürfnisse und Interessen ein, sondern auch eine Sorge für die Wohlfahrt anderer, eine selbstlose Achtung der Gemeinschaften, in denen man agiert. Und es schließt letztendlich alles innerhalb der Erdengemeinschaft ein.

Humanistische Ethik beruht nicht auf willkürlichen Kapriolen, sondern auf wohlbedachter Entscheidung. Ethische Prinzipien und Werte sind rational. Sie stehen zu den Interessen und Bedürfnissen der Menschen in Beziehung. Das heißt jedoch nicht, daß sie subjektiv sind, auch liegen sie nicht außerhalb der Domäne der skeptischen kritischen Forschung. Unsere Prinzipien und Werte können anhand der Handlungsfolgen überprüft werden.

Wesentlich an der humanistischen Eupraxophie ist, daß die Humanisten nicht durch den "tragischen" Charakter der menschlichen Bedingungen überwältigt werden; sie müssen dem Tod, Kummer und Leiden mit Mut entgegentreten. Sie vertrauen auf die Fähigkeit der Menschen, Entfremdung zu überwinden, die Probleme des Lebens zu lösen und die Fähigkeit zu entwickeln, die Güter des Lebens zu teilen und gegenüber anderen einfühlsam zu sein. Der Theist schätzt den Menschen geringer. Er sieht ihn mit der Ursünde behaftet, unfähig, die Probleme seines Lebens selbst zu lösen und genötigt, außerhalb der menschlichen Sphäre nach einen göttlichen Beistand zu schauen. Der Humanist akzeptiert die Tatsache, daß die menschliche Spezies Unzulänglichkeiten und Grenzen hat, und daß einige Dinge, die er im Leben vorfindet, nicht mehr instandgesetzt oder verbessert werden können. Trotz alledem glaubt er, daß die beste Haltung die ist, sich nicht in Furcht zurückzuziehen und vor Ungerechtigkeit oder den unbekannten Kräften der Natur zu zittern, sondern seine Intelligenz und seinen Mut zu gebrauchen, mit diesen Dingen umzugehen. Durch seine entschlossene Bewertung der menschlichen Bedingungen, basierend auf Vernunft und einer kosmischen Weltsicht, scheint der humanistische Lebensentwurf am angemessensten zu sein. Er ist nicht gewillt, vor den Kräften der Natur auf die Knie zu fallen, sondern steht auf seinen eigenen Füßen, um das Schlechte zu bekämpfen und für sich und andere ein besseres Leben aufzubauen. Mit anderen Worten, er drückt die höchsten heroischen Tugenden des prometheischen Geistes aus: Kühnheit und Würde! Und er hat auch ein moralisches Gespür für die Bedürfnisse von anderen Menschen entwickelt.

Soziales Gemeinwesen

Humanismus befaßt sich nicht nur mit dem Lebensentwurf des einzelnen - wie grundlegend auch immer das als Alternative zum Theismus ist -, er kümmert sich ebenfalls um die Erlangung einer guten Gesellschaft. Die alten griechischen Philosophen hatten die Natur der Gerechtigkeit diskutiert. Plato sah Gerechtigkeit am ehesten in den Handlungen des Staates, aber sie kann auch im Leben des Individuums gesehen werden. Gerechtigkeit beinhaltet die Prinzipien der Harmonie, der Ordnung und der Vernunft. Für Aristoteles sind Ethik und Politik verwandt. Er befaßt sich mit dem Glück des einzelnen, doch die umfassendere Kunst ist die Politik, denn sie befaßt sich mit den Fragen der politischen Ordnung der Regierungen und guten Verfassungen. Historisch betrachtet haben sich die Philosophen Machiavelli, Hobbes, Spinoza, Locke, Hume, Rousseau, Comte, Hegel, Dewey und Russell intensiv mit der Natur einer gerechten Gesellschaft befaßt.

Hat der Humanismus heute konkrete Empfehlungen für ein soziales Gemeinwesen? Sicherlich muß sich humanistische Eupraxophie mit dem Wohlergehen der Menschheit in einem größeren Maßstab befassen, denn wenn das höchste Gut das Leben hier und jetzt ist, dann kann das nicht durch das einsame Individuum allein erreicht werden, sondern nur im Verband mit anderen in einem großen soziokulturellen Zusammenhang. Es ist klar, daß Eupraxophie nicht einfach eine theoretische intellektuelle Position entwirft, sondern etwas über die soziale Praxis zu sagen hat. Tatsächlich war für Karl Marx soziale Praxis für den Humanismus wesentlich. Abstrakter Atheismus allein war nicht ausreichend; man mußte sich auf ein Programm sozialer Reformen zubewegen. Die nächste Station in der Geschichte der Menschheit, sagte er, wäre der Kommunismus, das heißt, die Umwandlung der Klassengesellschaft und der Produktionsbedingungen. Einzigartig an Marx' Gedanken war, daß die Philosophie über das rein Kontemplative, das Verstehen der politischen und sozialen Philosophie hinaus auf die praktische Anwendung seiner Ideale zuging. In diesem Sinne war marxistische Philosophie eine Eupraxophie. Bedauerlicherweise scheinen marxistische Theorien, die auf Hegelschen Kategorien begründet waren, das Individuum, bevor die dialektischen Prozesse der Geschichte stattfanden, ertränkt zu haben. Die entscheidenden Kräfte auf der historischen Bühne waren wirtschaftliche und gesellschaftliche

Einrichtungen. In Marx' und Engels gesellschaftlicher Interpretation der Geschichte sind die Produktionskräfte und -verhältnisse die Grundlage für gesellschaftliche Veränderungen; religiöse, politische, moralische, intellektuelle, wissenschaftliche und ästhetische Faktoren waren abgeleitet und in dem Überbau der Gesellschaft enthalten.

Man kann grundsätzliche Fragen darüber aufwerfen, ob Marx ein Humanist war, und ob sein Humanismus durch einige Marxisten späterer Jahre, die seine Schriften falsch auslegten, verraten wurde. Sicherlich war Marx ein säkularer Humanist, in dem Sinne, daß er eine idealistische Weltanschauung verwarf. Er vertrat eine materialistische Betrachtungsweise der Natur und bestritt die Existenz göttlicher Erlösung. Er wollte die Wissenschaft (so wie er sie verstand) zur Veränderung der gesellschaftlichen Bedingungen benutzen und zum Fortschritt der Menschheit beitragen. Darüber hinaus engagierte er sich leidenschaftlich dafür, das Leben des einfachen Arbeiters zu verbessern und ihn von entfremdender Arbeit und Unterdrückung zu befreien. Der frühe Marx der *Ökonomischen und Philosophischen Manuskripte von 1844* schien die höchsten humanistischen Werte der Freiheit und Kreativität auszudrücken.[5] In diesem Sinne liegt er in der großen Tradition historischer, humanistischer Philosophie, ein Erbe der Ideale der Aufklärung, denn er wollte die Vernunft zur Lösung gesellschaftlicher Probleme gebrauchen, und er hatte einiges Vertrauen in die Fähigkeit des Menschen, vernünftig zu sein.

Es hat eine tiefe Spaltung in der zeitgenössischen humanistischen Eupraxie zwischen einigen Formen des Marxismus und dem Liberalismus gegeben. Viele osteuropäische Philosophen betrachten sich als marxistische Humanisten, im Gegensatz zu Marxisten-Leninisten. Und es hat im Westen eine unversöhnliche Spaltung zwischen demokratischen sozialistischen Parteien und totalitären kommunistischen gegeben. Die zentrale Frage befaßt sich mit Demokratie, denn ein unaustilgbares Merkmal des Humanismus ist seine Betonung der *Freiheit.* Die gute Gesellschaft muß versuchen, die Freiheit der Wahl und die Selbständigkeit des einzelnen als einen Grundwert zu maximieren, und das kann nicht auf dem Altar des Kollektivs geopfert werden. Dies ist das erste Prinzip des klassischen Liberalismus gewesen - wie es von Locke, Mill und den Utilaristen ausgedrückt wurde -, und da können keine Kompromisse geschlossen werden. Die pragmatischen politischen Philosophen John Dewey und Sidney Hook haben beide versucht, den Individualismus des Liberalismus und den Geselligkeitstrieb der Hegelschen Philosophie anzupassen. Das Individuum kann nicht isoliert leben, denn es tauscht sich mit anderen in Gesellschaft und Kultur aus. Aber was sind die angemessenen Größenordnungen der individuellen Freiheit?

Für den liberalen, demokratischen Humanisten ist es zuallererst die Freiheit des Denkens und des Gewissens - philosophische, religiöse, intellektuelle, wissenschaftliche, politische und moralische Freiheit. Hierin eingeschlossen sind Redefreiheit, Pressefreiheit, Versammlungsfreiheit und die Freiheit, so zu leben, wie man möchte, vorausgesetzt, man verletzt oder beschränkt nicht die Freiheit anderer. Genauer gesagt, heißt das, daß die volle Breite der bürgerlichen Rechte durch die gerechte Gesellschaft anerkannt werden muß, einschließlich des Rechts auf eine andere Meinung, und das gesetzliche Recht, gegen die Politik der Regierung zu opponieren. Dies hat eine Verpflichtung zur politischen Demokratie zur Folge: das Recht der Leute, demokratische Parteien zu bilden, die Regierungsvertreter zu wählen, die Politik und die Programme des Staates zu bestimmen, Mittel zu haben, um Beschwerden abzustellen, vor willkürlicher Festnahme und Bestrafung sicher zu sein, ein Recht auf ein faires Verhör und Gerichtsverfahren zu haben. Repräsentative Demokratie gründet ihre Entscheidungen auf entsprechende Mehrheiten bei vollem Schutz der Rechte der Minderheiten. Demokratie pflegt auch als Grundwerte Meinungsverschiedenheiten, Pluralismus, Kreativität und die Einzigartigkeit der individuellen Bürger und Gruppen in der Gesellschaft. Die Ablehnung dieser Prinzipien durch einige übereifrige Anhänger des Marxismus in der Vergangenheit, die gewillt waren, alle Mittel zur Erlangung ihrer Ziele einzusetzen - einschließlich revolutionärer Gewalt und Staatsterror -, grenzten totalitären Marxismus vom demokratischen Humanismus eindeutig ab. Aus diesem Grunde ist auch der Leninismus-Stalinismus kein richtiger Humanismus, weil er den zentralen ethischen Wert der individuellen Freiheit aufgegeben hat. Hoffentlich hat der Stalinismus etwas Neuem Platz gemacht, und Lenins Erben werden in Zukunft in ihrem Ansatz demokratischer werden. Die Zeit wird es lehren.

Humanisten können über viele Dinge in der politischen und gesellschaftlichen Sphäre unterschiedlicher Meinung sein. Humanismus ist kein dogmatischer Glaube. Wir können Humanismus nicht mit speziellen Kandidaten oder Parteiprogrammen in einer bestimmten Zeit gleichsetzen. Ehrliche Männer und Frauen haben oft unterschiedliche Ansichten darüber, was getan werden sollte. Wir können über die Politik im wirtschaftlichen und im politischen Bereich streiten. Sollte es hohe oder niedrige oder keine Verzinsung geben? Sollten Steuern auf Verbrauch oder Einkommen gezahlt werden? Wie können wir die Produktivität erhöhen und nicht die Umwelt plündern? Und so weiter. Humanisten haben mit orthodoxen Christen und Juden eine Anzahl gesellschaftlicher Ideale gemeinsam, und sie können gemeinsame Programme der politischen Reform oder Stabilität unterstützen. Humanisten können untereinander bezüglich jeglicher konkreter Vorschläge unterschiedlicher Meinung sein. So eine Meinungsverschiedenheit mag heilsam sein, denn es gibt nicht nur einen Weg zur Wahrheit oder Tugend. Wir können uns alle irren. Humanismus hat daher kein doktrinäres Programm, auf dem er basiert. Jeder Versuch, den Humanismus zu politisieren und auf eine sektiererische Weise einzuengen, ist unglücklich; man sollte keine Konservativen, ob politische oder wirtschaftliche, aus den humanistischen Reihen ausgrenzen. Auch sollte man Humanismus nicht einfach nur mit Sozialismus oder Systemen der freien Marktwirtschaft verbinden; die Politik und die Programme, die einer Generation richtig erscheinen, können aufgrund der Erfahrungen der nächsten aufgegeben werden. Die frühere Identifikation vieler Humanisten mit dem linken Flügel des Sozialismus ist durch die Erkenntnis gebrochen worden, daß man keine demokratischen Freiheiten aufs Spiel setzen oder Anreize preisgeben sollte, die so wesentlich für eine sich ausweitende Produktion sind. Heute behaupten viele Vertreter der individuellen Willens- und Gedankenfreiheit, die an der Verteidigung der Freiheit in der Wirtschaft interessiert sind, daß sie Humanisten sind. Andere glauben, daß der beste Weg des sozialen Gemeinwesens aus einer Mischung von Wohlfahrts- (sozialistisch) und Marktwirtschaftspolitik (kapitalistisch) besteht.

Die humanistische Eupraxie sollte sich daher bezüglich des sozialen Gemeinwesens auf die *Grundwerte und Prinzipien*, die allen Humanisten gemeinsam sind, konzentrieren. Was sind einige der Grundprinzipien der humanistischen Eupraxie zu Beginn des 21. Jahrhunderts? Die erste Verpflichtung der Humanisten, so meine ich, muß die *Methode der Intelligenz* sein (wie John Dewey es in seiner Definition des Liberalismus vertritt). Sie ist die zuverlässigste Art, gesellschaftliche Probleme zu lösen.[6] Das heißt, daß Sozialpolitik als Hypothese aufgefaßt werden sollte, die auf den Ergebnissen der besten empirischen Forschung des Tages beruht und an ihren Ergebnissen überprüft werden sollte. Die weiseste und sinnvollste Art der politischen Regierungsgewalt und gesellschaftlicher Veränderung ist die der *demokratischen Methoden der Überzeugungskraft.* Unser letztendliches Vertrauen in eine Demokratie muß auf einer vollkommen informierte Bürgerschaft als der Hauptquelle der Macht und der Entscheidungsfindung beruhen. Das größere Ideal ist hier die Notwendigkeit, das Volk zu einer weitverbreiteten Teilnahme in allen gesellschaftlichen Einrichtungen zu ermutigen, in denen es lebt, zusammenarbeitet und wirkt. Wie dies funktioniert, hängt von den jeweiligen Institutionen ab. Hier reden wir über politische, wirtschaftliche und soziale Demokratie.

Wenn die Methoden der Intelligenz und demokratischen Partizipation Erfolg haben sollen, brauchen wir eine gut unterrichtete und intelligente Öffentlichkeit. Daher muß die *Möglichkeit zur Bildung* jedem einzelnen in der Gesellschaft zugänglich gemacht werden. Das Recht auf Wissen ist nicht nur ein menschliches Grundrecht, sondern auch ein Schlüsselinstrument, mit dem die Gesellschaft ihre Probleme am besten lösen kann. Durch die Erweiterung der kulturellen Wertschätzung aller Bürger tragen wir zu unserer eigenen moralischen, intellektuellen und ästhestischen Entwicklung bei.

Ein zentraler Wert für Humanismus und Demokratie ist Toleranz; eine gerechte Gesellschaft wird alternative Standpunkte gelten lassen und eine Unterschiedlichkeit der Lebensstile, der Glaubensrichtungen und moralischen Werte, die alle nebeneinander existieren, zulassen. Die wesentliche Methode, Meinungsverschiedenheiten zu lösen, sollte, wo immer es möglich ist, ein *friedliches Aushandeln der Unterschiede und der Kompromiß* sein, keine Macht oder Gewalttätigkeit.

Eine demokratische Gesellschaft ist eine Gesellschaft, die die Verpflichtung erkennt, für alle Menschen die Gelegenheiten und Mittel zur Verfügung zu stellen, um *ihre Grundbedürfnisse in wirtschaftlicher und kultureller Hinsicht zu befriedigen.* Daher wird eine offene demokratische Gesellschaft versuchen, große Unausgeglichenheiten im Einkommen abzustellen und dafür sorgen, daß minimale Grundbedürfnisse für diejenigen abgedeckt werden, die dazu selbst nicht in der Lage sind. Ich beziehe mich hier auf die Politik der öffentlichen Wohlfahrt, Arbeitslosigkeit und Sozialversicherung und auf die Hilfe für Behinderte und Wohlfahrtsempfänger. Dies beinhaltet sowohl wirtschaftliche als auch kulturelle Gelegenheiten, damit die einzelnen sich an der demokratischen Gesellschaft beteiligen können und sich als auf sich selbst vertrauende, unabhängige und produktive Bürger entwickeln können.

Die gerechte Gesellschaft wird versuchen, *Diskriminierung* aufgrund von Rasse, Geschlecht, Glauben, sexueller Orientierung, körperlicher Gebrechen, Volkszugehörigkeit oder sozialer Herkunft *zu beenden* und allen ihren Bürgern gleiche Rechte zu gewähren. Sie wird die Rechte von Kindern anerkennen.

Das Vorstehende ist nur ein kleiner Abriß einiger Prinzipien humanistischer sozialer Eupraxie. Bisher ist dies als nur auf lokale Gemeinschaften oder Nationalstaaten zutreffend angesehen worden, und es sind Bemühungen unternommen worden, um diese von innen heraus zu demokratisieren. Die Welt hat heute einen derartigen wirtschaftlichen und politischen Grad der gegenseitigen Abhängigkeit erreicht, daß es nicht mehr möglich ist, viele der die Menschheit betreffenden Probleme auf einer lokalen oder nationalen Ebene zu lösen. Daher müssen wir eine Wertschätzung für allgemeine Menschenrechte entwickeln und sie in allen Teilen der Welt anwenden. Wir müssen zu einer *ethischen Verpflichtung gegenüber der Weltgemeinschaft als unserer höchsten moralischen Erfüllung kommen*. Es gibt konservative und reaktionäre nationalistische, separatistische und ethnische Kräfte in der ganzen Welt, die dieser Entwicklung im Wege stehen. Trotzdem sage ich, es ist wichtig für die nächste Stufe der menschlichen Zivilisation.

Anmerkungen

1. Ich habe Kriterien der Bedeutung und des Beweises im Detail in den folgenden Büchern diskutiert: *The Transcendental Temptation (Op. Cit.), Decision and the Condition of Man* (Seattle: University of Washington Press, 1965); and *The Skeptic's Handbook of Parapsychology* (Buffalo, N.Y.: Prometheus Books, 1985).
2. Weitere Einzelheiten gegeben in *Forbidden Fruit: The Ethics of Humanism* (Buffalo, N.Y.: Prometheus Books, 1988); *Decision und the Condition of Man* (op. cit.); and *Exuberance: The Philosophy of Happiness* (Los Angeles: Wilshire Books, 1977).
3. Der Ausdruck *Lebensentwurf (Life Stance)* wurde durch Harry Stopes-Roe in "Humanism as a Life Stance" eingeführt, *Free Inquiry 8, Nr. 1* (Winter 1987/88).
4. Unfassende Darstellung siehe *Forbidden Fruit*, Kapitel 4.
5. Karl Marx, *Economic and Philosophic Manuscripts of 1844* (New York: International Publishers, 1964).
6. John Dewey, *Liberalism and Social Action,* (New York: Capricorn Books, 1955); *The Public and Its Problems* (New York: Henry Holt and Co., 1927); *Freedom and Culture* (New York: Capricorn Books, 1939).

III. Die Definition von Religion

Theismus und das Heilige

Unsere Diskussion ist bis jetzt nur die Einleitung zu meiner Aussage, daß Humanismus nicht als Religion gedeutet werden sollte, sondern als eine *Eupraxophie,* und daß diejenigen, die Humanismus als *Religion oder religiös* etikettieren wollen, sich irren. Wie wir gesehen haben, setzt Humanismus eine Untersuchungsmethode, eine kosmische Weltsicht, einen Lebensentwurf und ein soziales Gemeinwesen voraus. Er stellt keine spirituellen oder heiligen Behauptungen über die Natur der Wirklichkeit auf. Daher ist er keine Religion in irgendeiner ordentlichen Definition dieses Ausdrucks.

Wenn Humanismus *keine* Religion ist, können wir dann genauer sagen, was eine Religion ist? Es gibt mindestens zwei Hauptansätze, Religion zu definieren: nach ihrem Inhalt oder ihrer Funktion. Ohne Zweifel kommt etwas von "Definitionskrämerei" in die Auseinandersetzung. Das Grundargument befaßt sich damit, wie weit der Ausdruck *Religion* angewandt werden sollte, und wichtige überzeugende Elemente sind in alle diese Definitionen eingeflossen. Zum Beispiel trifft *Religion* auf den Judaismus, das Christentum, den Islam und den Hinduismus zu, aber kann man den Begriff auch so dehnen, daß alle Formen der Religiosität in Asien - zum Beispiel der Konfuzianismus und der Zen-Buddhismus ebenfalls eingeschlossen sind? Trifft er auch auf die mannigfaltigen primitiven Glaubensrichtungen und Praktiken zu, die von Anthropologen beschrieben werden? Trifft er auf Animismus oder die späteren polytheistischen Glaubenssysteme zu, wie wir sie in der Homerischen Dichtung der Griechen finden? Genauer gefragt, kann *Religion* so erweitert werden, daß sie klassische philosophische Lehren in sich aufnimmt, solche wie Epikureismus und Stoizismus, oder den Marxismus unserer Tage und Humanismus, die nach den Aussagen der Funktionalisten einige der Funktionen der traditionellen Religion übernommen haben? Wie ich bereits andeutete, muß man die sprachliche Abgrenzung enger fassen, denn sonst verliert der Begriff *Religion* jegliche besondere Bedeutung und könnte auf beinahe alles und jedes angewandt werden.

Das Problem der sauberen Definition kommt auch auf anderen Gebieten auf. Zum Beispiel ist es schwierig, *Demokratie, Sozialismus, Liberalismus, Konservativismus* zu definieren, und die verschiedenen Parteien streiten darüber, was dabei ein- oder ausgeschlossen werden sollte. Hitler nannte seine Partei National Sozialistische Deutsche Arbeiter Partei, sie war aber schwerlich sozialistisch. Viele kommunistische Regime nannten sich "demokratische Republiken", sie waren aber kaum demokratisch. Gleichfalls sind Liberale und Konservative im Streit darüber, was wahrer Liberalismus und Konservativismus ist.

Der Streit über die Art der Definition ist grundsätzlicher Natur. Was soll eine Definition erreichen? Einerseits ist die Definition eines Substantivs beschreibend, denn es beschreibt Gegenstände, Vorstellungen, Glauben oder Praktiken, die einige Ähnlichkeit zueinander haben und die unter einer Überschrift zusammengefaßt werden können. Hier gibt es einige unterschiedliche Charakteristika, die uns in die Lage versetzen würden, einen Ausdruck auf eine Bandbreite von Phänomenen anzuwenden. Bestimmte Ausdrücke haben Bedeutungen und und finden ihre Anwendung in einem speziellen Sprachschatz, so daß jeder, der einen Ausdruck benutzt, verstanden wird und kommunizieren kann. Wenn wir ein Wort definieren wollen, nehmen wir ein Wörterbuch zur Hand: Seine Bedeutung wird durch das, was es normalerweise bedeutet und wie es benutzt wird, festgelegt.

Somit wird die Bedeutung eines linguistischen Ausdrucks nicht nur durch das Herausfinden des Gegenstandes oder des Glaubens festgelegt, auf den sich der Ausdruck im richtigen Leben bezieht, sondern dadurch, was gemeinhin diejenigen darunter verstehen, die den Ausdruck benutzen.

Tatsächlich ist nicht das eigentliche Wort des Wortschatzes das, worauf es ankommt, sondern das Konzept oder die Idee, die der Begriff ausdrückt. Ein Beispiel: Der Ausdruck *good* im Englischen entspricht *bon* im Französischen und *gut* im Deutschen, obgleich es manchmal schwierig ist, eine direkte Übersetzung der Sprachen zu finden, da es feine Unterschiede im Vokabular geben kann. Zugegebenermaßen sind abstrakte Ausdrücke besonders komplex; einige Kritiker, wie G. E. Moore, können keine klare Referenz für den Ausdruck *good/gut* in jeglicher Darlegung[1] finden. Um es klarer auszudrücken: Wie übersetzt man den Ausdruck *Weltschmerz* ins Englische - als "world pain", "metaphysical dread", "anxiety", "weariness of life", "pessimism" oder "melancholy"? Wir verstehen die Bedeutung in deutsch, trotzdem scheint jeglicher Übersetzung von einer Sprache in die andere etwas zu fehlen.

Dies deutet auf die Tatsache hin, daß Worte mit einer Anzahl komplexer Bedeutungen, Feinheiten und Funktionen beladen sein können. Termini sind nicht nur beschreibend, sondern beinhalten auch emotionale, ästhetische, beschreibende und leistungsbezogene Bedeutungen und Funktionen. Außerdem, wenn man einen Terminus, der auf eine bestimmte Art verwendet wird, auch noch so geringfügig erweitert, und zwar aus jeglichem Sprachschatz, so hat das eine Neudefinition zur Folge. Dies wiederum schließt eine Art regelndes Element ein. Der Dichter kann durch bildliche Sprache Bocksprünge vollziehen und dadurch zur Vielfalt der Sprache beitragen. Eine von T. S. Eliot benutzte Metapher lautet: "This is the way the world ends / Not with a bang but with a whimper" *). Hier ist "whimper" über den normalen Kontext hinaus erweitert worden, es ist aber eine schöne Anwendung **). Laufende Bedeutungsveränderungen finden in jedem Sprachsystem statt. Sprachen sind lebende Hilfsmittel, um Ideen auszudrücken und Bedeutungen zu vermitteln; sie werden immer gedehnt werden, um völlig neue Erfahrungen zu umfassen. Wo keine angemessenen Termini in der Alltagssprache zur Verfügung stehen, müssen neue eingeführt oder erfunden werden.

Der Terminus *Religion* ist nicht einfach ein beschreibender, sondern er beinhaltet eine normative Absicht, nach der Elemente neu eingeteilt werden können. Jede Neudefinition enthält immer einen Bestandteil, der überzeugt. Wo wir die Trennlinie ziehen, ist oft willkürlich. Dies ist besonders dann der Fall, wenn Ausdrücke neu geprägt und in den Wortschatz aufgenommen werden. Nehmen Sie den Ausdruck *Automobil*, ein neuer Ausdruck, der vom französischen *auto* und *mobile* kommt, und sich darauf bezieht, was die Möglichkeit der Fortbewegung aus sich selbst heraus beinhaltet - der selbsttätigen Bewegung. Heute bezieht sich der Begriff auf "auf der Erde befindliche motorgetriebene Fahrzeuge oder Personenwagen". Er wird nicht für Flugzeuge verwandt, die sinngemäß auch "auto-mobil" sind, da sie über ein Fortbewegungsmittel durch die Verbrennung von Treibstoff verfügen und sich selbst antreiben.

---

*) So geht die Welt zugrunde / nicht mit lautem Knall, sondern mit Gewinsel.

**) Gewinsel bedeutet in dieser Konstellation nur das Geräusch als solches, was wohl von Eliot wegen des Gegensatzes verwendet wurde.

Der englische Ausdruck *Airplane (Flugzeug)* stammt von lateinischen und griechischen Wurzeln ab, *aero* und *planos* "in der Luft wandernd" vom Griechischen *aer (Luft)* und *planos (Wanderung)*. *Airplane (Flugzeug)* bezieht sich auf Flugzeuge, die schwerer als Luft sind und feststehende Tragflächen haben, durch einen Propeller oder einen Düsenmotor angetrieben werden und durch die dynamische Reaktion der Luft an den Tragflächen getragen werden. Wir verstehen, daß Motorfahrzeuge oder Personenwagen anders als Flugzeuge sind, obgleich wir ein Wort haben könnten, das beides und andere unter der selben Rubrik beinhalten könnte: Schiffe und Züge sind auch Automobile, obwohl sie unterschiedlich sind. Daher beinhaltet Definition Unterscheidung; obwohl die Gegenstände und Worte, die für sie verwandt werden, Ähnlichkeiten aufweisen, haben sie auch Unterschiede.

Wie ist das mit dem Ausdruck *Religion*? Sollte er so breit verwendet werden, daß er alle wahren Unterschiede zwischen den Glauben und Praktiken auslöscht, auf die er sich bezieht? Ich gebe zu, daß die besondere Kraft des Ausdrucks *Religion* einen Glauben beinhaltet *an irgendeine göttliche und heilige Wirklichkeit und irgendeine verbindende Beziehung der Anbetung oder Hingebung an sie.* Nach dieser Definition ist der Humanismus von dieser Rubrik ausgeschlossen.

Etymologisch stammt der Ausdruck vom Lateinischen *religio* oder *relligio* ab. Die Bedeutung dieser Ausdrücke sind seit Ciceros Zeiten Gegenstand heftiger Kontroversen gewesen. Es gibt zwei alternative Ableitungen: *relegere* (zusammensammeln, sammeln, daher auf einen Blick zu lesen) und *religare* (anbinden oder befestigen) von *ligare* (binden). Gemäß Cicero "wurden Menschen religiös von *relegere* genannt, weil sie sorgsam abwogen und, wie es war, im Geiste all das, was zur Anbetung der Götter gehörte, wieder bedachten"[2]. Dies ist fraglich. Eine alternative Ableitung kommt von *religare*, befestigen oder binden, welche durch den römischen Autor und christlichen Apologeten Lactantius gebraucht wurde[3]. Servius und St. Augustinus nahmen auch *religare* als Wurzel des Wortes *Religion* und gebrauchten es, um auf das Klosterleben mit seinen verbindlichen Regeln hinzuweisen.[4,5] Für Lactantius bezieht sich das Wort auf die Idee einer Verpflichtung, die eine Person an einen unsichtbaren Gott bindet. Viele moderne Schreiber akzeptieren die zweite etymologische Ansicht. Der *Oxford English Dictionary* (Ausgabe 1971) definiert Religion wie folgt:

1) Ein durch klösterliches Gelübde gebundenes Leben; der Zustand von jemandem, der Mitglied eines religiösen Ordens ist.
2) Eine besondere klösterliche oder religiöse Ordnung oder Regel.
3) Handlung oder Haltung, die einen Glauben an, die Verehrung von und den Wunsch, einer herrschenden göttlichen Macht zu gefallen, anzeigt. Die Ausübung oder der Brauch von Riten oder deren Befolgung legen dies nahe.
4) Ein einzelnes Glaubens- und Verehrungssystem.
5) Anerkennung seitens des Menschen irgendeiner unsichtbaren höheren Macht, sein Schicksal zu bestimmen, und das Anspruch auf Gehorsam, Verehrung und Anbetung ... hat.

Viele Definitionen sind seitdem vorgeschlagen worden. *Websters Ninth New Collegiate Dictionary* definiert als die ersten zwei Kriterien der *Religion* "den Dienst an und die Anbetung von Gott oder dem Übernatürlichen" und "eine Verpflichtung oder Hingebung an religiösen Glauben oder die Ordensregel."

Ich behaupte deshalb, daß es ein Fehler ist, den Ausdruck *Religion* für alle Glauben und Bräuche der Menschen, die in allen Kulturen angetroffen werden, zu benutzen. Vor allem ist es ein Fehler, ihn für den Humanismus zu verwenden.

Unzählige Anthropologen und Soziologen, die primitive Glaubenssysteme studiert haben, haben gedacht, sie könnten den Ausdruck für bestimmte Arten des Verhaltens, die sie in diesen Kulturen angetroffen haben, verwenden, die man auch in orthodoxen Religionen, die bis heute überdauert haben, entdeckt. Sie konzentrieren sich auf das "Spirituelle" und das "Geheiligte." Daher hat E. E. Taylor als eine Minimaldefinition von *Religion* "den Glauben an spirituelle Wesen"[6] vorgeschlagen. Dies ist ohne Zweifel eine unvollständige Definition, da dabei die Ausübung der Religion ausgelassen wurde; Religion beinhaltet nicht nur Glauben. In vielen primitiven Kulturen ist das Ritual, nicht der Glaube oder das Dogma, das Wichtigste. Sir James G. Frazers berühmte Definition in *The Golden Bough* bezieht sich auf Religion als "eine Besänftigung oder Versöhnung von den Menschen überlegenen Mächten, von denen man annimmt, daß sie den Ablauf in der Natur und das Leben der Menschen dirigieren und kontrollieren."[7]

Andere, wie zum Beispiel E. Crawley[8], haben gesagt, daß das, was dem einfachen Geist als wesentlich erscheint, "die Furcht vor dem Geheiligten" ist; das heißt, daß es in der Natur etwas gibt, was gewöhnlich versteckt, mysteriös, unsichtbar und geheim ist und daher als göttlich angesehen wird, und von dem man annimmt, daß es das Geschehen der Welt kontrolliert. Dies geheiligte Wesen oder diese geheiligten Wesen haben Macht und sind irgendwie unerbittlich. Man denkt, daß man mit den zufälligen und tragischen Leiden des Lebens durch Rituale und Gebete umgehen kann, und so das Geheiligte günstig stimmen und veranlassen kann, uns zu helfen. Viele primitive Religionen drücken Formen des Animismus aus, den Glauben, daß unbelebte Objekte Geist oder Bewußtsein haben und uns auch beeinflussen.

Emile Durkheims vergleichende Definition von Religion, basierend auf Studien von primitiven und modernen religiösen Institutionen, definiert Religion als "ein vereinheitlichtes System von Glauben und Bräuchen bezüglich geheiligter Dinge, das heißt, Dinge, die abgesondert und verboten sind - Glaube und Bräuche vereinigt alle diejenigen, die ihr anhängen in einer einzelnen Sozialgemeinschaft, die Kirche genannt wird".[9] Obgleich diese Definition breit genug ist, um primitive und moderne Religionen einzuschließen, schließt sie rein philosophische und wissenschaftliche Glauben oder Bräuche nicht ein. Der Anthropologe F. C. Wallace kommt zu dem Schluß: "Es ist die Prämisse jeder Religion - und diese Prämisse ist das *definierte Charakteristikum* von Religion - daß Seelen, übernatürliche Wesen und übernatürliche Kräfte existieren. Darüber hinaus gibt es bestimmte minimale Kategorien des Verhaltens, die im Zusammenhang mit übernatürlichen Prämissen immer gemeinsam angetroffen werden und die ... das Wesen der Religion ausmachen."[10]

Definitionsvorschlag

Ich neige dazu, diesen Religionsdefinitionen zuzustimmen. Religionen setzen eine grundlegende Trennung der Wirklichkeit in zwei separate Reiche voraus: das Profane und das Geheiligte. Das erste ist die natürliche und materielle Welt des alltäglichen Lebens, eine Welt, der wir durch Erfahrung begegnen, die wir ertragen, genießen oder erleiden; es ist die Welt brutaler Wahrheit, die direkt durch unsere Sinnesorgane wahrgenommen und durch rationale Folgerung und Erklärung begriffen wird. Das zweite ist die dahinter liegende unbekannte Welt, die das gegenwärtige Erkenntnis- oder Verständnisvermögen sprengt; sie ist versteckt und mysteriös. Wir haben sie bis jetzt noch nicht voll ausgelotet oder ihre wahre Natur ergründet. Das Paradox, vor dem wir stehen, ist, daß Menschen oft nicht in der Lage sind, richtig mit der profanen Welt umzugehen oder sie zu verstehen - sie ist ein Ort der Freude und des Leides, der Vollendung und des Versagens, die Bühne, wo sich das Drama des Lebens abspielt. Und so wird eine andere Welt postuliert.

Offensichtlich sind große Gebiete des Universums dem Menschen unbekannt. Was wir über die Natur wissen, ist nur ein kleiner Teil dessen, was wir wissen könnten. Wir können sogar durch die Art unserer Sinnesorgane und das Hirn, das wir entwickelt haben, in unserem Wissen beschränkt sein, wie durch die Art der Daten, die wir erfahren, und die Schlüsse, die wir daraus ziehen.

Der Bereich unseres Verständnisses ist begrenzt durch die Tatsache, daß alles, was bekannt ist, irgendeinen erkennbaren *Unterschied* in der Welt machen muß. Kant unterscheidet zwischen der Welt der Erscheinung, die durch unsere Wahrnehmungserfahrung begrenzt ist, und der noumenalen (Noumenon: Begriff ohne Gegenstand, Anm. d. Übers.) Welt, der Welt der reinen Ideen, von der wir nichts Konkretes sagen können - nichts, das verstanden wird, und nichts, das immer noch unverständlich ist.

Die Geschichte des Wissens zeigt, daß etwas, das in einem Zeitalter unbegreiflich ist, im nächsten verständlich werden kann. Die Wissenschaft befähigt uns, kausale Hypothesen zu entdecken und sie zu überprüfen. Sie befähigt uns, das Unbekannte, das vorher von Geheimnis umgeben und unverständlich war, in Bekanntes zu verwandeln: die Ursachen einer unbekannten Krankheit, einen zerstörerischen Sturm, Vulkanausbruch, ein Erdbeben oder eine Flut. Andersherum werden Glück oder Sieg von religiös Gläubigen als Zeichen göttlicher Gunst angesehen, Männern und Frauen durch eine unsichtbare Macht verliehen. Wir wissen jetzt, daß viele solcher Geschehnisse heute natürlich erklärt werden können, und trotzdem bleiben viele Gebiete unbekannt. Das Hauptmerkmal des religiösen Bewußtseins ist folgendes: Statt skeptisch bezüglich unbekannter Gebiete des Universums zu bleiben, glaubt es, daß wir eine ansatzweise Erleuchtung über die Transzendenz des Universums besitzen. Eine teleologische Wirkung wird in die unbekannten Tiefen der Wirklichkeit hineininterpretiert. Genauer gesagt, der religiöse

Mensch bezeichnet dies *als heilig und göttlich und verehrt es mit heiliger Scheu.*

1. Das erste Kriterium der Religion (ob primitiv oder theistisch) ist der Glaube, daß es ein Reich des Seins gibt, das die Erfahrung oder die Vernunft übersteigt, daß dieses Reich geweiht, numinos oder heilig ist, und daß es zur Welt als ihr Urgrund oder Endzweck in Beziehung steht.

2. Der zweite Teil des religiösen Bewußtseins ist der Glaube, daß Menschen einige Verpflichtungen gegenüber dem Geheiligten haben. Eine Religion ist daher nicht einfach ein Glaubenssystem oder ein Glaube, der auswendig gelernt und rezitiert werden kann, sondern besteht auch aus Bräuchen und Ritualen, von denen man annimmt, daß sie uns in irgendein Verhältnis zum Geheiligten bringen.

Ich benutze den Ausdruck *geheiligt* in einem weiten Sinne, denn es gibt dafür viele verschiedene Interpretationen. Das "Geheiligte" hat die folgenden Charakteristika:

(a) Es ist verborgen, geheim, wunderbar, letztendlich transzendent.

(b) Es ist die Ursache für die Welt, die wir kennen, als Urgrund oder Schöpfer, und es verfügt über übermenschliche Kräfte, ob wohlwollend oder dämonisch.

(c) Unsere Glaubens-Zustände und Bräuche werden, wenn wir sie richtig ausdrücken, uns in ein zufriedenstellendes Verhältnis zum Geheiligten setzen. Dies beinhaltet im allgemeinen Rituale, Bräuche, Gebete und Musik, und kann auch Tänze, Opferhandlungen und andere Bitt- und Versöhnungszeremonien umfassen.

Das Verborgene, Geheimnisvolle oder Geheiligte kann vielerlei Gestalt annehmen. Es kann sich auf Geister, die Seelen der Toten, Gott, Götter und Göttinnen oder eine Anzahl anderer okkulter Kräfte beziehen. Es kann - wie beim römisch-katholischen Glauben - die Dreieinigkeit, Engel, Heilige und die Jungfrau Maria einschließen. Es kann durch die Geister unserer Vorfahren bevölkert sein, die auf unser Leben Einfluß ausüben und andauernden Gehorsam fordern, oder durch bedrohliche oder schlechte Wesen.

Darüber hinaus sind die Wege der Götter für einfache Sterbliche nicht klar verständlich. Während wir einiges von Gottes Wegen verstehen können - was er vielleicht an jemand irgendwann im Laufe der Geschichte offenbart haben mag oder auch nicht, abhängig von der jeweiligen Religion -, ist anderes noch verborgen, außerhalb der Vorstellungskraft. Im

Mittelpunkt der religiösen Haltung steht das "Gefühl völliger Abhängigkeit" (Schleiermachers Definition von Religion): das heißt, das Gefühl, das unsere Existenz völlig von Kräften außerhalb unseres Verstehens abhängt und kontrolliert wird. Unsere eigenen Bemühungen verblassen zur Bedeutungslosigkeit im Angesicht des endlosen Universums.

Gleichfalls sind die ausgeübten Bräuche und Rituale von Kultur zu Kultur unterschiedlich: der ausdrucksreiche Tanz rasender Ekstase in der Sufi-Mystik; die Riten eines frommmen Juden, der Kappe, Gebetstuch und Gebetsriemen bei seinen täglichen Gebeten trägt; der Katholik, der die Kommunion während einer von einem Priester geleiteten Feier einnimmt, und wo Wein und Oblaten geheimnisvoll in das Blut und den Körper Christi verwandelt werden; der Muslim, der während des Monats Ramadan fastet und fünfmal am Tage in Richtung Mekka betet; und christliche Fundamentalisten, die Hymnen singen und am Sonntag morgen "in Zungen sprechen". Seneca- und Irokesen-Indianer, Watusi und Zulu, Hindu-Brahmanen und verschiedene Mönche und Schamanen benutzen unterschiedliche Arten von Ritualen.

Die Idee des *Verpflichtens* taucht auf, denn Religionen werden institutionalisiert, und es gibt Regeln, die den Gläubigen zu Gehorsam und Gebet verpflichten. All das hat feine beschwörende, psychologische und soziologische Funktionen. Sogar wenn es niemand auf der anderen Seite der Transaktion gibt, der unsere Gebete hört, drücken sie unsere höchsten Sehnsüchte aus und entlasten uns von unseren heftigsten Emotionen.

Es ist klar, daß der Humanist nicht an die Existenz des Geheiligten glaubt. Er ist nicht gewillt, irgendeinem unbekannten Wesen irgendwelche Macht zuzuschreiben, und nimmt deshalb die Haltung eines Agnostikers ein. Obgleich er spekulative Hypothesen über die unbekannten Aspekte der Natur verfassen könnte, will er eine Beurteilung lieber aufschieben, einfach, weil darüber bis jetzt noch nicht genug bekannt ist. Er zweifelt besonders an der Neigung religiöser Gläubiger, ihre eigenen schöpferischen Fantasien in das Unbekannte zu projizieren und die Unzulänglichkeiten ihres Lebens dadurch zu kompensieren, daß sie sich vorstellen, im nächsten Leben würde alles besser. Der Humanist hat die Bemühungen satt, ein unbekanntes göttliches Wesen mit übermenschlichen Qualitäten auszustatten. Der Theismus ist allen Anzeichen nach eine Ausbeutung des menschlichen Verlangens, der eine idealisierte Nachbildung der Wirklichkeit und eine phantasievolle Wunschvorstellung bietet. Und weil dies der Fall ist, ist der Humanist nicht willens, sich in Ritualen zu engagieren, um unbekannte Kräfte zu beeinflussen oder umzustimmen; er bringt keine religiöse Frömmigkeit dem Unbekannten gegenüber zum Ausdruck. Das bedeutet nicht, daß der Humanist keine Ehrfurcht vor der Einzigartigkeit des Universums empfindet, wie es zum Beispiel von Astronomen gesehen wird, auch ist es nicht so, daß er nicht die Erhabenheit schätzt, und es ist ebenfalls nicht so, daß er immer ohne Furcht vor dem ist, was er nicht selber steuern kann. Aber seine Haltung hat nichts damit zu tun, in die Natur seine liebsten Hoffnungen oder vergeblichen Verlangen hineinzuinterpretieren. Er täuscht sich nicht selber dadurch, daß er glaubt, der Kosmos in seiner Gesamtheit stehe zu ihm in einer ursächlichen und engen Beziehung.

Religion offenbart andere Charakteristiken, die über die beiden grundlegenden, die ich bisher diskutiert habe, hinausgehen.

3. Von großer Bedeutung ist die Beruhigung, die die Religion dem einzelnen gibt, denn sie weist ihn aus dem ewigen Strom in einen Hafen. Es würde keinen Sinn machen, das Heilige anzurufen, wenn er nicht glaubte, daß es die Götter wirkungsvoll zum Mitleid bewegen oder die göttliche Gnade für sich anregen würde. Sogar der Entschluß, ein inneres Verlangen zu unterdrücken, versetzt einige ergebene Seelen im gewissen Grade in die Lage, sich von weltlichem Streben freizumachen. Der Gläubige ist der Meinung, daß jeder einen Platz im göttlichen Plan hat. Das Universum hat daher eine tiefere spirituelle Wirklichkeit (Hinduismus). Es mag sogar irgendeinen Zweck geben, der sich in Übereinstimmung mit irgendeinem göttlichen Drama jetzt zeigt (Judaismus, Christentum, Islam). Religion versucht daher, Gefühle der Wichtigkeit und Endlichkeit vor einem sonst unerbittlichen Universum zu transzendieren. Sie verspricht Befriedigung unserer Wünsche dadurch, daß sie sie in den größeren Zusammenhang mit der Ewigkeit stellt. Es gibt das Versprechen spiritueller Belohnung für diejenigen, die die Religion akzeptieren - obgleich Religionen sich in dem, was Belohnung ist, unterscheiden. Religion wendet sich daher an das einsame Individuum, das niedrigste genauso wie an das höchste auf der sozialen Stufenleiter, und sie bietet eine Art psychologischer Entlastung. Dabei kann es sich um spirituelles Entzücken oder Frieden im Diesseits oder die Hoffnung auf ewige Erlösung im Jenseits handeln.

4. Die traditionellen Religionen, die bis heute überlebt haben, haben machtvolle gesellschaftliche Größenordnungen; sie geben dem kollektiven Leben der Menschen Ausdruck. Dies stellt nicht das Vorhandensein von privaten, verinnerlichten Religionen des Selbstgesprächs in Abrede, die theologisch ausgefeilt sind, um die eigenen inneren Bedürfnisse eines Menschen zu befriedigen. Aber Religionen sind im höchsten Grade gesellschaftliche Phänomene. Glauben und Handlungsweisen werden schon frühzeitig festgelegt, wenn die Zahl der Anhänger steigt. Das Dogma wird klar festgeschrieben. Die entsprechenden Rituale werden kodifiziert und für heilig erklärt. Diese werden von Generation zu Generation weitergegeben. Die Gesetze und Regeln der Frömmigkeit bestimmen streng das Leben der Gläubigen. Tabus werden aufgestellt, Verpflichtungen eingefordert. Den Jugendlichen wird ein Gefühl der Sünde und des Schuldbewußtseins eingeflößt und dabei jeder Versuch, den Moralkodex zu durchbrechen, unterdrückt. In stark strukturierten autoritären Systemen können Überschreitungen schwer bestraft werden. Der Ketzer oder Ungläubige wird als Verstoßener verdammt. Die Gläubigen sind gehorsame Diener Gottes.

Eine institutionalisierte Religion setzt eine Priesterschaft voraus, ganz gleich, wie frei sie auch ausgeübt wird. Dies bedingt eine speziell dafür konzipierte Klasse von Menschen, denen die heiligen Gesetze anvertraut werden, und die durch Gelübde und Ausbildung ihr Leben geistigen Bestrebungen weihen. Es mag eine Berufspriesterschaft und/oder freiwillige Laien im Dienste der Kirche oder des Tempels geben, die ihr oder ihm während einer bestimmten Zeit ihres Lebens dient. Besondere Orte werden zu heiligen Stätten erklärt, wie zum Beispiel die Stadt, in der der Hauptverbreiter des Glaubens geboren wurde, lebte oder starb. Häuser der Anbetung werden geweiht, und man stellt sich den Göttlichen auf heiligem Boden anwesend vor.

5. Grundlegend für diese Religionen ist der Glaube, daß der Meister oder Prophet einst eine Verkündigung oder eine Erleuchtung hatte, die er seinen Anhängern vermittelte. Eine wie auch immer geartete innere Wahrheit, geistige Ekstase oder Art zu leben wird jeweils durch den Hinduismus, Taoismus und durch einige andere asiatische Religionen verbreitet. In den monotheistischen Religionen wird eine spezielle Mitteilung von einem Propheten, Mystiker, Jünger oder Sohn Gottes erhalten und an die Menschheit weitergegeben (Moses, Jesus, Mohammed). So eine

Nachricht nimmt die ausdrückliche Form von Geboten an, die das Verhältnis der einzelnen untereinander sowie der Gemeinschaft und zu Gott selber regelt. Wir müssen nur an die Zehn Gebote, die Bergpredigt oder die Vorschriften des Koran denken.

6. Es gibt auch eine Literatur der "heiligen" Bücher. Ihre Ursprünge sind oft nur dunkel bekannt. Aus fernen Zeiten der Nachwelt übermittelt, enthalten sie die Botschaft, die der geistige Führer oder Gott den Gläubigen verkündet. Die Literatur ist so ehrwürdig, daß ihre Ausleger über einzelnen Passagen emsig brüten, und jedes Wort oder jeder Satz kann transzendentale Bedeutung erlangen. Die Thora wird an einem heiligen Ort aufbewahrt und von orthodoxen Juden geküßt, wenn sie sie zum Vorlesen am Sabbat und an heiligen Tagen herausnehmen. Die Bibel wird von den Christen als das Wort Gottes verehrt. Vom Koran wird gesagt, daß er Mohammed vom Erzengel Gabriel mitgeteilt wurde. Die Veden werden von den Hindus verehrt, und die Buddhisten haben ihre geheiligten Texte. Alle diese werden von den Frommen als das Verkünden absoluter, endgültiger fester Wahrheiten gesehen.

Säkularer Humanismus hat nicht eine einzige dieser sechs Religionscharakteristiken. Obgleich der Humanismus versucht, dem einzelnen etwas Hilfe bei der Erlangung eines guten Lebens zu geben, ist er nicht wie unter (3) beschrieben. Humanismus verspricht zum Schluß keine Erlösung oder ewige Rettung. Humanismus hat keine Priesterklasse (4), mit der Aufgabe, den Gläubigen zu dienen. Er hat keine Doktrin besonderer Offenbarung aus dem Jenseits (5). Und zu guter Letzt hat er auch keine heilige Literatur (6). Es gibt jedoch ein Gebiet, auf dem sich traditionelle Religionen und der Humanismus überschneiden. Beide sorgen sich um die Moral.

7. Alle monotheistischen Religionen schlagen eine bestimmte Art zu leben und einen Moralkodex vor. Im Vordergrund stehen die Regeln, die Pflichten des religiösen Lebens. Die größte Pflicht des Menschen ist es dabei, Gott und seine Gebote zu lieben und zu fürchten. Dies schließt das Gebot ein, den Sabbat zu ehren und die vorgeschriebenen Gebete, Zeremonien und Rituale zu verrichten. Viele religiöse Reformatoren wie Jesus haben die wörtliche Auslegung vieler Gesetze in Frage gestellt. Sie haben erklärt, wir sollten dem Geist und nicht dem Buchstaben des Gesetzes folgen. Auf jeden Fall ist ein wesentlicher Bestandteil der religiösen Moral die Pflicht des Menschen, und zwar nicht nur Gott gegenüber,

sondern auch gegenüber seinen Mitmenschen. Alle Religionen haben Richtlinien, die das Verhältnis der Menschen untereinander regeln, festgeschrieben. Das Alte Testament befiehlt uns, den zahlreichen im mosaischen Gesetz niedergelegten Gesetzen und Verordnungen zu gehorchen. Der Moslem ist daran gebunden, den Gesetzen des Koran zu folgen. Jesus befahl uns, "einander zu lieben".

Genauso befassen sich die asiatischen Religionen ernsthaft mit der moralischen Unterweisung. Obgleich es bei diesen Religionen große Unterschiede gibt, stellen viele von ihnen die Egozentrik in den Mittelpunkt. "Ihr Ziel ist immer die Befreiung vom Leiden, dem *eigenen* Leiden wie dem Leiden der Menschheit".[11]

In den westlichen säkularen Philosophien stellt die intelligente Befriedigung des Verlangens das Ziel des Glücks dar. Für viele asiatische Religionen wird der Weg zu spiritueller Reife und Erleuchtung durch die Unterdrückung und Entsagung des Verlangens gewiesen. Die Fähigkeit, Verlangen umzuwandeln, wird als der "höhere", "innerlichere" oder "tiefere" Grad des Bewußtseins angesehen.

Obgleich es verschiedene Wege zur Tugend gibt, ist es so, daß die Religionen versuchen, den Weg festzulegen. Bei einigen gibt es äußerst detaillierte Formeln. Sie beherrschen alles, von der Sexualmoral, der Zeugung, dem Verhältnis zwischen den Geschlechtern und der Heirat bis zu den Pflichten der Kinder gegenüber den Eltern und umgekehrt, von Freunden gegenüber Freunden, von Untertanen gegenüber Herrschern, und von allen gegenüber unter ihnen weilenden Fremden. Sie können das Verbot bestimmter Lebensmittel (zum Beispiel Schweinefleisch oder jegliches Fleisch) einschließen, das Beschneidungsritual und Bestimmungen, die einen großen Bereich von wirtschaftlichen und gesellschaftlichen Beziehungen regeln. Dies alles gehört zum Bereich der normativen Werturteile, denn bestimmte Dinge werden als gut oder schlecht betrachtet, als richtig oder falsch; der religiöse Kodex umreißt akzeptable Verhaltensweisen - angeblich von Gott gegeben.

In diesen Systemen ist es für den einfachen Menschen schwierig, den höchsten Zustand geistiger Wonne zu erlangen. Heilige Männer der Hindus, buddhistische Mönche und christliche Heilige haben die schwierige Aufgabe spiritueller Selbstentwicklung gepflegt. Es ist ungewiß, wieviele tatsächlich den *satori*-Zustand der Erleuchtung der Zen-Buddhisten erreicht haben, oder die mystische Vereinigung der Heiligen mit Gott.

Viele Gläubige finden so eine geistige Suche zu hart, um sie zu verfolgen; trotzdem können sie eine religiöse Rechtschaffenheit aufrechterhalten.

Wenn eine Philosophie oder Eupraxophie sich hauptsächlich auf Ethik und Moral konzentriert, ist sie dann eine Religion? Ich denke nicht. Denn obgleich Humanismus, Skeptizismus, Stoizismus, Epikureismus, Marxismus, Existentialismus und Pragmatismus alle etwas über normative Werte zu sagen haben, und obgleich viele eine Art zu leben empfehlen, macht die ausdrückliche Tatsache, daß ihre ethischen Urteile denen der traditionellen Religionen entsprechen, sie dennoch nicht zu Religionen.

Eine tatsächlich interessante Frage ist, ob die Ausdrücke *Religion* und *Philosophie* auf alle Spielarten von "Religion", die wir auf der Welt haben, angewandt werden können. Buddhismus, Hinduismus, Taoismus und Konfuzianismus passen nicht in die westlichen Vorstellungen von Religion. Asiatische Systeme sind einzigartig, und es gibt so viele Abweichungen, daß sogar der Ausdruck *Philosophie* vielleicht nicht zutreffend ist, obgleich Schriftsteller des Westens versucht haben, die Ausdrücke *Religion* und *Philosophie* auszudehnen, um sie mit einzuschließen.

Konfuzianismus

Ist der Konfuzianismus ein ethisches System, oder ist er eine Religion? Im Konfuzianismus tritt das Übernatürliche und Geheiligte in den Hintergrund zurück, und ein Lebensentwurf mit einer Betonung der praktischen oder klugen Auswahl fängt an, die Überhand zu bekommen. Ohne Zweifel gibt es religiöse Elemente im Konfuzianismus - zum Beispiel die Verehrung der Ahnen. Aber der Konfuzianismus liegt am äußersten Ende der Skala der Religionen, denn er betont moralische Tugend mehr als geheiligte Pflichten, Rituale und Gebete.

Der Konfuzianismus hat ganz allgemein die chinesische Zivilisation für zweieinhalb Jahrtausende bestimmt. Konfuzius (K'ung Fu-tzu, 551 - 479 v. d. Z.) wurde in jungen Jahren verheiratet, diente als Regierungsbeamter und war als Lehrer sehr erfolgreich. Er trat für eine Gesellschaftsreform durch Erziehung der Menschen zur Befolgung ethischer Verhaltensregeln ein. Sein zentrales Moralprinzip war *jen*, welches sich auf Sympathie, Liebe, Wohlwollen, Menschlichkeit und Gegenseitigkeit bezog. *Jen* wurde als "vollkommene Tugend", die die Grenzen von Rasse, Glaubensbekenntnis oder Zeit transzendiert, definiert. In seinem Werk *Die Analekten* werden zwei wichtige Konzepte genannt: *hsiao,* was sich auf kindliche Frömmigkeit, und *ti,* was sich auf brüderliche Liebe bezieht. Beide Ideen drücken selbstlose, menschliche Haltungen aus. Die Grundstruktur der höheren chinesischen Gesellschaft beruhte auf *hsiao* und *ti,* den Verpflichtungen und Pflichten, die Eltern und Verwandten geschuldet wurden. In *Die Analekten* sind zwei weitere Konzepte enthalten: *chung* (Treue) und *shu* (Selbstlosigkeit). Das erste bezieht sich auf eine vollkommene Ehrlichkeit gegenüber sich selbst, das zweite auf Sympathie und Verständnis mit der Außenwelt. Das Konzept von *jen* (Liebe zu anderen) bezieht sich auf wahre und uneigennütziges Liebe, Redlichkeit des Denkens. Konfuzius betont die Suche nach Wissen stark. Er sagte in *Die Analekten:* "Das Versagen, Tugend zu kultivieren, das Wissen zu vervollständigen, mich zu ändern, während ich höre, was richtig ist und meine Fehler zu korrigieren - dies sind Gedanken, die mich beunruhigen." Er lehnte es ab, über die Natur der Götter Betrachtungen anzustellen, da diese jenseits menschlicher Erkenntnisfähigkeit liegt.

Das System des Konfuzius wurde durch spätere Schriftsteller entwickelt. Mencius, ungefähr ein Jahrhundert nach Konfuzius' Tod geboren, entwickelte das Konzept von *yi.* Es bezieht sich auf die Angemessenheit einer Handlung innerhalb einer Situation und unsere Verpflichtung, sie anstelle einer anderen Handlung zu wählen, die nur des Gewinns wegen durchgeführt wird. Mencius wollte *jen* (was wir in unserem Herzen tragen) und *yi* (die richtige Art das Verhaltens) verbinden. Die Doktrin des Durchschnitts oder der Ausgewogenheit würde *yi* beherrschen. Ein anderer Verfechter der Konfuzianischen Ethik war Hsü Tzu, der *li* betonte, eine Vorschriftensammlung ritueller Höflichkeit und Etikette; diese hatte vielleicht eine religiöse Komponente, bezog sich jedoch mehr darauf, Rituale in der Gruppe zu regeln, die als Verhaltensnormen dienten. Aus diesem Grunde ist der Konfuzianismus eine Eupraxophie, ein normativer Verhaltenskodex, vielleicht sogar eine Philosophie der Lebensgestaltung. Er ist ziemlich humanistisch in seiner Ethik, mit kaum einem oder keinem übernatürlichen Element.

Die Lehre des Konfuzius kann als eine rein naturalistische Morallehre ähnlich der des Aristoteles ausgelegt werden. Konfuzius war ein Weiser, der eine Weisheit der Lebensführung anbot. Einige Schriftsteller haben versucht, den Konfuzianismus als Religion zu interpretieren, da seine kindliche Frömmigkeit nicht nur die Verpflichtung beinhaltet, die noch lebenden Eltern, sondern auch die toten Ahnen mit Verehrung und Gebeten zu würdigen. Einige sind sogar so weit gegangen, Konfuzius zu verehren und zu vergöttern. Aber wenn wir uns auf unsere frühere Religionsdefinition beziehen, bemerken wir, daß der Konfuzianismus kein übernatürliches Konzept des Geheiligten oder Vorstellungen über Erlösung und ein zukünftiges Leben hat.

Wenn Konfuzius über das Reich nach dem Leben gefragt wurde, antwortete er mit Nachdruck: "Wenn du nicht in der Lage bist, den Menschen zu dienen, wie kannst du dann die Götter verehren?"[12]

Ungeachtet dessen war Ahnenverehrung ein integraler Bestandteil des Konfuzianismus - abgeleitet, könnte ich hinzufügen, von den traditionellen kulturellen Praktiken, die Konfuzius akzeptierte - mit begleitenden Zeremonien und Opferungen, die später einen gewissen Grad von Aberglauben und Mythologie entwickelten. Jedoch führte Konfuzius keine Kirche oder Priester ein, auch hat er Gott weder geheiligt noch glorifiziert. Stattdessen standen die Familie und ihre Rituale im Mittelpunkt. Und es gab keine Heilsdoktrin. Obgleich die Konfuzianer dankbar waren für das, was der Himmel ihnen geben würde, zeigt der Konfuzianische Kodex in der letzten Analyse einen tiefen Respekt vor dem Leben und eine untergeordnete Idee des Glücks. Ein Anhänger von Konfuzius muß sich auf seine eigene Tugend verlassen, um glücklich zu werden, und nicht auf äußere Umstände oder göttliche Wohltätigkeit. Die Beziehungen der Menschen untereinander werden betont. Männer und Frauen lernen, in Harmonie und Ausgeglichenheit miteinander zu leben, im Geiste von Fairness, Gerechtigkeit, Toleranz und Kompromißbereitschaft. Ein Mensch hat Pflichten gegenüber sich selbst, seiner Familie, seiner Gemeinde, seinem Volk und der Welt. Zumindest in der Famnilie kam Treue *(chung)* und Selbstlosigkeit *(shu)* vornehm zum Ausdruck.

Was im Konfuzianismus vielleicht fehlt, ist *Sophia* (Weisheit) in einem allgemeineren Sinne, denn es gibt keine hochentwickelte, kosmische Weltsicht in einem metaphysischen oder wissenschaftlichen Sinn, auch gibt es keine Betonung objektiver Erfahrung oder Rationalität als Mittel, um sein eigenes Wissen über die Welt zu überprüfen.

Meine Definition der Religion ist besonders auf das Christentum, den Judaismus und den Islam, die drei großen monotheistischen Religionen, anwendbar; und sie bezieht sich auch auf unzählige Sekten, Konfessionen und Kulte, die aufgekommen sind. Aber bezieht sich diese Definition auch auf andere asiatische Religionen? Jegliche Schilderung asiatischer Religionen muß grob bleiben; denn wie sie sich entwickelt haben, hing von einmaligen historischen, kulturellen und politischen Kräften, die in den Gebieten wirksam waren, in denen sie gediehen, ab.

Hinduismus

Wie ist es mit dem Hinduismus? Sicherlich entspricht diese Religion unserer Definition. Der Ausdruck *Hindu* bedeutet ursprünglich "Inder" und bezog sich auf Glauben und Praktiken unzähliger Generationen von Menschen, die auf oder nahe dem indischen Subkontinent leben. Hinduismus umfaßt rund 5000 Jahre. Er besitzt eine sehr mannigfaltige Tradition mit großer Variationsbreite und unterschiedlichen Strömungen. Er ist von anderen religiösen Traditionen beeinflußt worden. Dies schließt den Buddhismus, das Christentum und den Islam ein; und sein Einfluß hat sich über die ganze Welt fühlbar verbreitet.

Die Hindi-Schriften beinhalten die *Weden*, Texte, die in einem Zeitraum von 1500 bis 2000 Jahren vor der christlichen Ära geschrieben wurden. Diese beinhalten die *Rig Weda*, eine Sammlung von Hymnen an die Götter, die von den arischen Invasoren auf indischem Boden eingeführt wurden. Zwischen den Hymnen sind die, die Indra gewidmet sind, dem Gott des Sturms und des Krieges; Varuna, dem universellen Herrscher des Gesetzes; und Agni, dem Gott des Feuers. Es gibt Prosatexte wie die *Brahmanas,* die Opfergebräuche beschreiben, philosophische Texte wie die *Upanischaden* und viele andere maßgebliche Schriften. Einige benutzen den Begriff Weda für die ältesten Texte, Wedanta für die späteren, die philosophischer sind. Das *Bhagavad Gita* (Lied Gottes) gab mehr als jeder andere Text Richtlinien für Hindu-Denken und -Lebensweise.

Zwei Bestandteile unserer Definition der Religion sind klar im Hinduismus vorhanden: (1) Es gibt dort einen Sinn des Geheiligten, eines endgültigen transzendentalen Reiches. Die Idee vom absoluten Brahma weist in die Richtung eines pantheistischen Monismus. Der mystische Seher oder Heilige Mann kann anfangen, die göttliche Dimension der Wirklichkeit zu entdecken, jenseits von Verlangen und Vergnügen, erreichbar durch Entsagung. (2) Es gibt daher einen Glauben an geistige

Wege zu Frieden und Erlösung. Der Hinduismus glaubt an Seelenwanderung. Das gegenwärtige Leben ist nur eine Nachfolge von früheren Leben. Was ein Mann oder eine Frau heute ist, ist bestimmt durch das, was er oder sie im vorherigen Leben getan hat. *Karma,* oder moralische Ursächlichkeit, spielt eine Rolle, besonders wenn man *Moksha* erreichen kann, die Befreiung von den Begrenzungen der jetzigen Existenz. Um dieses Stadium zu erreichen, ist es nötig, über die Unwissenheit *(Avidya)* und Illusion *(Maya)* hinaus zu gelangen.

So bekräftigt der Hinduismus das Versprechen des Geistigen und spricht die Notwendigkeit der Selbstdisziplin *(Yoga)* an, um von den Sorgen der Welt erlöst zu werden. Wahrscheinlich ist der Weg zur Erlösung das Erreichen einer Art von Vereinigung mit Brahma, der letztendlichen Wirklichkeit, die alle Arten des Denkens oder gewöhnlicher Erfahrung übersteigt, der "erhabenste göttliche Geist", der das Universum durchdringt, der Ursprung allen Seins, die Quelle allen Verstehens. Das Konzept des *Atma,* oder des großen Selbst, liegt im Zentrum absoluter Wirklichkeit. Obgleich die Hindus keine Vorstellung von individueller Unsterblichkeit haben, auch nicht von Theismus wie beim westlichen Monotheismus, durchdringt ihre Religion eine geistige Tiefe und Philosophie. Von der Idee geistigen Suchens kommt ein vollendetes Ritualwesen, ein Moralkodex, der das Leben bestimmt, und heilige Männer, um ihn zu interpretieren. Darüber hinaus entwickelten sich ein Kastenwesen und eine Lebensart, die die indische Kultur durchdrang und durch religiöse Praktiken geheiligt wurde. Anbetung spielt eine wichtige Rolle, und es gibt eine x-beliebige Anzahl von Göttern und ihren verschiedenen Inkarnationen, wie Krishna, Shiva und Vishnu, die verehrt werden. Es steht außer Frage, daß der Begriff *Religion* auf den Hinduismus zutrifft.

Wissenschaftliche Humanisten stehen dem Hinduismus mit seinen Hypothesen über eine verborgene Wirklichkeit und einem vorwissenschaftlichen mystisch-metaphysischen Bemühen zur Aufklärung dieser Wirklichkeit sehr kritisch gegenüber. Darüber hinaus erscheint die moralische Suche nach geistigem Frieden, zumindest für den prometheischen Menschen, wie ein nutzloses Bemühen, vor dieser Welt und ihren Herausforderungen zu fliehen. Ihre Gesellschaftspolitik scheint der Versuch zu sein, in einer verarmten Gesellschaft eine stabile soziale Ordnung aufrechtzuerhalten, in der die niederen Klassen durch geistiges Opium ruhig gehalten werden sollen, und einer Suche nach endgültiger Erlösung. Auf jeden

Fall, ganz gleich, was seine Tugenden und was seine Grenzen sind - der Hinduismus wird unserer Religionsdefinition gerecht.

Buddhismus

Es ist schwierig, den Buddhismus in allen seinen Formen als eine Religion zu klassifizieren. Viele oder die meisten der Ausprägungen des Buddhismus sind religiös, aber es gibt einige bemerkenswerte Ausnahmen zu dieser Bezeichnung.

Der Ausdruck *Buddhismus* ist von dem Namen Buddha abgeleitet, wörtlich bedeutet er "der Erleuchtete". Obgleich das Leben Buddhas von Legenden umrankt ist, wissen wir, daß Siddhartha Gautama in einer reichen und adeligen Familie in der Nähe von Benares in Nordindien ungefähr 563 vor Christi geboren wurde. Er starb ungefähr 483 vor Christi. Er heiratete, zeugte einen Sohn und wurde von seinem Vater auf ein Leben mit Macht und Luxus vorbereitet. Aber im Alter von 29 Jahren wurden ihm menschliches Leiden und die Grenzen der Existenz bewußt. Er entsagte seinem weltlichen Besitz und wurde ein Wanderer und Eremit. Nach sechs Jahren des Suchens hatte er eine Periode intensiver Erleuchtung und Ekstase, während er unter einem Feigenbaum saß. Danach weihte er sein Leben der Lehre dessen, was er erfahren hatte. Er zog Jünger an, die Mönche wurden und seinem Weg zu folgen suchten, um auch erleuchtet zu werden.

Buddha lehrte, daß dieses Leben voll Leid und Krankheit, Gebrechen und Tod ist, daß es das höchste Gut ist, vom Stachel des Verlangens befreit zu sein, und einen Zustand des Nirvanas, eines Nichtseins, zu erlangen. Er war beeindruckt von der Unbeständigkeit aller Dinge und der Kürze des menschlichen Lebens, und er wünschte im Grunde, von dem Kampf und Streß befreit zu sein. Dies ist schwierig zu erreichen, da jeder Mensch ein Teil einer großen Kette von Lebewesen ist, die aus Teilen besteht, die immer vereint waren. Sie werden durch den Tod getrennt, aber sie werden in der Zukunft wieder vereint. Der Buddhismus akzeptiert diese Doktrin der Wiedergeburt und der Seelenwanderung. Nur durch Ausübung des Karma kann man schließlich vom Leiden befreit werden und einen Zustand des Nirvanas erreichen. Es gibt verschiedenen Stadien, die ein Buddhist in der Hoffnung auf das höchste Stadium durchlaufen muß. Die "vier erhabenen Wahrheiten" wurden von Buddha während seiner Erleuchtung entdeckt. *Dukkha,* oder das Leiden, ist auf die menschliche Existenz beschränkt. Es hat seine Wurzeln in wilder, eigennütziger Begierde. Der Weg zum Frieden führt über die Überwindung eigennützigen Verlangens durch Befolgung der acht Glieder der Wahrheit: der rechten Erkenntnis, der rechten Gesinnung (Vermeidung sinnlicher Vergnügen; dem Nichtschädigen aller lebenden Kreatur), der rechten Rede, der rechten Tat, des rechten Lebenserwerbs, der rechten Anstrengung, der rechten Achtsamkeit, der rechten Sammlung. Der Blick lag auf Selbstentsagung, Sanftmut und Mitleid für andere.

Buddha war kein Asket, sondern trat für Mäßigkeit und einen "mittleren Weg" ein.

Man kann keine Doktrin des Übernatürlichen im Buddhismus finden, zumindest nicht so, wie das in westlichen Religionen verstanden wird. Es gibt kein Konzept von Gott als Person, keinen kosmischen Plan, keine Idee von persönlicher Unsterblichkeit oder Erlösung. Im traditionellen Sinne war Buddha ein Atheist, da er den Theismus ablehnte. Es gibt jedoch eine andere Bedeutung der Gottheit, eine transzendentale Wirklichkeit, in der die Vielfalt EINS ist. Nirvana ist nicht Gott, die Wirklichkeit ist im Endeffekt unbegreiflich, unbeschreibbar und wird nur durch das erleuchtete Auge des Mystikers durchdrungen. In diesem Sinne gibt es einen transzendenten, göttlichen oder geheiligten Charakter des Universums, da es auf die Gesamtheit des Seins zutrifft. Dieser liegt hinter der Welt der Materie und des Wandels und ist ordentlicher Verehrung und Ehrfurcht angemessen.

Buddha behauptet nicht, daß er ein Gott sei, auch hat er keine besonderen Offenbarungen Gottes von oben weitergegeben. Nach seinem Tode wurden sein Glauben und seine Praktiken von anderen in eine Religion umgeformt - trotzdem ist der Buddhismus wie das Christentum in verschiedene Sekten aufgesplittert. Die zwei Hauptrichtungen sind der Theravada- und der Mahayana-Buddhismus, jede mehr oder weniger in verschiedenen geographischen Regionen den Ton angebend. Theravada-Buddhismus stellt den Menschen als Individuum mit seiner Suche nach persönlicher Erlösung in den Mittelpunkt, und der Anhänger ist nicht von der Erlösung anderer abhängig. Der Mahayana-Buddhismus verbindet das Schicksal jedes einzelnen mit dem Schicksal aller. Der Theravada behauptet, daß der Mensch im Universum auf sich selbst gestellt ist, und daß jeder Selbstvertrauen entwickeln sollte. Er hat ein sorgsam angelegtes Netz von Klöstern entwickelt, wo buddhistische Mönche sich bemühen, weltlichem Verlangen beim Streben nach Erlangung der höchsten Wahrheiten zu entsagen. Mahayana-Buddhismus ist im Gegensatz dazu eine Religion für gewöhnliche Menschen, die die Verpflichtung haben, anderen zu dienen. Der Theravada-Mönch betont private Meditation. Mahayana-Gläubige fügen Fürbitte, Gebet und Ritual, die Anrufung Buddhas um Hilfe hinzu. Für einige wurde Buddha beinahe zum Erlöser. Einige Formen des Buddhismus haben bei den einheimischen Religionen Süd- und Ostasiens Anleihen gemacht und haben Gottheiten zur Verehrung entwickelt. Einige Formen fangen an, sich westlichen Religionen zu nähern.

Unsere Diskussion des Buddhismus zeigt, daß es schwierig ist, einen allgemeinen gemeinsamen Nenner zu finden, der allen Religionen eigen ist; für einige Formen des Buddhismus wie den Zen (der sich von China aus nach Japan ausbreitete und sich dort entwickelte) liegt die Betonung auf persönlicher Selbstverwirklichung und Erleuchtung. Buddhismus drückt daher eine Art Eupraxophie oder Lebensentwurf aus, der sich auf richtige Lebensführung als Quelle des Friedens konzentriert. Er versucht, eine bestimmte Lebensart zu kultivieren, um einen Zustand der Erlösung zu erlangen. Einige westliche Denker sind vom Buddhismus angezogen worden, weil er ohne eine Mythologie des Übernatürlichen, ohne Wunderreligion und Doktrin der Erlösung durch Gnade ist, vor allem jedoch, da er sich darauf konzentriert, in diesem Leben moralischen Gleichmut zu erreichen.

Funktionale Definitionen von Religion

Jede der klassischen Religionen hat ein zentrales moralisches Thema. Jede speist sich aus der geheiligten Tradition, die Verhaltensweisen, die sie hegt und pflegt, zu weihen. Jede legt moralische Gebote und verpflichtende Regeln fest, die als göttlich inspiriert betrachtet werden. Ich habe in *Forbidden Fruit* argumentiert, daß der Moralkodex in vielen Fällen dem religiösen Glauben vorausgeht, und daß Religion im Nachhinein benutzt wird, um diesen zu rechtfertigen. Obgleich sie behaupten, göttlich zu sein, sind alle diese Religionen Schöpfungen der menschlichen Fantasie.

Die klassischen Religionen schreiben ein soziales Gemeinwesen vor, sie versuchen, ihre Moraldoktrin auf die Gesellschaft anzuwenden. Ergebene wahre Gläubige können nicht zufrieden sein, wenn sie nicht versuchen, ihren religiösen Glauben auf das ganze gesellschaftliche Leben auszudehnen. Im Islam gibt es keine Trennung von Religion und Staat, und das religiöse Gesetz durchdringt alle Bereiche der Muslimgesellschaft. Der Judaismus drückte vor der Diaspora die nationale Identität des Volkes aus, und stützte so die gesellschaftspolitische Struktur. Für eine lange Zeit wurde das Christentum mit dem Schwert durchgesetzt; es wurde den Untertanen, die in ihrem Reich lebten, von weltlichen Herrschern aufgezwungen - vom römischen Kaiser Constantin an bis zu späteren europäischen Monarchen. Der Staat wurde dazu benutzt, Ketzerei zu unterdrücken und Gehorsam gegenüber dem christlichen Glauben und christlichen Tugenden durchzusetzen.

Erst nach den demokratischen Revolutionen der Neuzeit und durch die Konflikte zwischen den säkularen Regierenden und den Kirchenoberen wurde das Prinzip der Trennung von Kirche und Staat erklärt; Dissidenten waren jetzt vor der Macht der kirchlichen Orthodoxie geschützt. Die erlösende Gnade von dieser Art Religiosität war das Beharren darauf, daß Gewissen eine Privatangelegenheit war - obgleich es weitere Bemühungen von Unentwegten gibt, anderen Menschen Religion aufzudrängen.

Religion hat also eine moralische und eine gesellschaftliche Funktion gehabt. Ist es das, was für die Definition von Religion wesentlich ist? Und sollten wir nicht den Humanismus als eine Religion betrachten, genau deshalb, weil er diese zwei Funktionen mit den traditionellen Religionen teilt? Ich habe dies verneint, denn ich behaupte, daß Religionen ihre Rollen an sich gerissen haben, wenn sie in das moralische Leben und in die Politik eindringen und darauf bestehen, daß eine einzelne Religion ein Monopol über moralische und politische Entscheidungen haben sollte. Die Notwendigkeit, Moral und politische Freiheit vor unterdrückerischen theologischen Doktrinen zu verteidigen, wird jetzt größtenteils als für die Sache der Freiheit des Menschen wesentlich anerkannt.

Religionen haben sicherlich die gleichen Rechte wie Eupraxophien; sie sind dazu berechtigt, ihre echte moralische Sorge um das Wohlergehen der Menschen darzustellen. Tatsächlich ist auf eine gewisse Art eine moralische Leidenschaft für Gerechtigkeit das treibende grundlegende Interesse aller anderen menschlichen Sorgen. Das Problem entsteht, wenn eine Religion behauptet, die alleinige Moral zu besitzen, darauf besteht, daß Moral unlöslich mit dem Übernatürlichen verbunden ist, und versichert, daß keine anderen Moralansprüche, unabhängig von ihren göttlich eingeführten Geboten, legitim seien. Die gleichen Besorgnisse sind auf die Theologien anzuwenden, die in Theokratien umgewandelt wurden und danach streben, die politische Macht im Namen Gottes zu dominieren.

Der Trugschluß, Religion sei mit einem Moralkodex oder einem sozialen Gemeinwesen zu identifizieren, läßt sich auch in anderen Bereichen erkennen. Religionen haben auch mit Wissenschaft, Philosophie und Bildung historisch konkurriert; sie haben versucht, ihre metaphysischen Theorien des Universums anzuordnen; sie haben abweichende Meinungen zensiert und Schulkinder indoktriniert. Wir erkennen heute, daß Wissenschaft nicht mit Religion verstrickt sein sollte, und daß die Freiheit der Forschung verteidigt werden muß - wie die Verfahren gegen Giordano Bruno und Galileo sowie der Kampf der Kreationisten gegen die Evolutionstheorie lebhaft bezeugen. Gleichermaßen ist Philosophie ein eigenes Studiengebiet, das seine eigenen Ziele verfolgt, und das seine eigenen Methoden der rationalen Forschung völlig unabhängig von der Theologie gebraucht. Neo-Thomisten wie Jaques Maritain dachten, daß Theologie und Philosophie getrennte Disziplinen wären, jede mit einer Art Autonomie, aber daß die Schlußfolgerungen natürlicher und geoffenbarter Theologie die gleichen sein würden. Man kann sich nicht in die philosophische Suche einmischen, sagte er, doch wenn der Philosoph Schlußfolgerungen gezogen hatte, die im Gegensatz zum Glauben standen, hatte er sich geirrt.[13]

Religionsanhänger haben ein ausgeprägtes Interesse an der Bildung der jungen Menschen, und sie haben versucht, die Schulen dazu zu benutzen, ihre religiösen Doktrinen zu suggerieren. Tatsächlich haben Religionen versucht, alle menschlichen Interessen zu umfassen und das gesamte Leben zu dominieren.

Die säkulare Revolution der Neuzeit versuchte, der Kirchendominanz die Kontrolle über andere Institutionen in der Gesellschaft abzuringen. Obwohl Religionen versucht haben, diese anderen menschlichen Interessen zu dominieren, wurden sie durch säkulare und humanistische Kräfte wiedergewonnen. Die Tatsache, daß nichtreligiöse Institutionen soziale und moralische Funktionen haben, macht sie nicht ipso facto religiös. Dieses Argument impliziert die grundsätzliche Verwirrung über die Definition von Religion.

Das wesentliche Merkmal einer Religion, meine ich, ist die Aufteilung des Universums in das Geheiligte und das Weltliche, bei Verehrung des ersteren. Jedoch sollte man es nicht mit irgendwelchen Moral-, Politik-, Wissenschafts- oder Bildungsrollen, die die Religion sich selbst in der Vergangenheit angeeignet hat, verwechseln. Nun gibt es diejenigen, die meiner Religionsdefinition nicht zustimmen werden; sie bestehen darauf, daß wir Religion nicht nach dem *Inhalt* des Glaubens definieren sollten, sondern nach ihren *Funktionen*. Wenn man eine Funktionsanalyse macht, behaupten sie, ist der Humanismus eine Religion, denn er erfüllt Rollen analog denen der Religion.

Der Funktionsansatz für Religion erhielt einen machtvollen philosophischen Impuls durch Immanuel Kant. In der *Kritik der reinen Vernunft* beweist Kant, daß man drei klassische Behauptungen der spekulativen Metaphysik nicht beweisen kann: die Existenz Gottes, die Freiheit des Willens und die Unsterblichkeit der Seele. Diesen Konzepten fehlt jeglicher erfahrungsmäßiger Inhalt, und sie haben keine nachweisbare empirische Bedeutung. Kant zeigte die sich ergebenden Widersprüche, wenn wir durch rein formale Argumentation versuchen, sie zu beweisen oder zu widerlegen. Er verwarf die berühmten ontologischen, kosmologischen und teleologischen Argumente für die Existenz Gottes. Er zeigte, daß all diese logischen Beweise nichtige Übungen sind, denn man macht in einem Reigen blutleerer Konzepte mit, die ohne jeglichen erkennbaren Inhalt sind. Bezüglich der zentralen konzeptionellen Postulate des Theismus starb Kant als Agnostiker.

Wissenschaftliche Erkenntnis war im Gegensatz zur spekulativen Metaphysik oder Theologie für Kant gut begründet, denn sie stellte eine Vereinigung von Konzepten und Vorstellungen dar und hatte sowohl eine a priori als auch eine synthetische Grundlage. Metaphysik und Theologie waren ohne jegliche zuverlässige Basis, denn sie boten reine Konzepte ohne wahrgenommenen Gegenstand an; solche abstrakten Ideen über die gedachte Welt gingen über die Welt der Phänomene hinaus. Kants skeptische Schlußfolgerungen über das Wissen um Gott waren für einige Geister unannehmbar, weil sie implizierten, daß die theistische Religion keine sichere Verankerung in der Erfahrung der Menschen hatte, sondern einfach nur ein Glaubensartikel war. Wenn wir keine zuverlässigen, kognitiven Behauptungen über theologische Wahrheiten aufstellen können, ist dann der Glaube an eine Gottheit eine völlige Absurdität? Ist er so mit Widersprüchen gebündelt, daß ein rationaler Mensch das nicht länger akzeptieren kann? Sind wir daher gezwungen, jeglichen Anspruch auf Religiosität aufzugeben? Kant selber machte die Schlußfolgerung, die er in der *Kritik der reinen Vernunft* gezogen hatte, zu schaffen, aber er fand einen anderen Zugang zu religiösem Glauben: Der Schimmer des Noumenon in den Nischen des moralischen Ichs. Bei der Untersuchung der Phänomenologie des ethischen Lebens entdeckte er, daß wir moralische Pflichten und Verantwortung haben. Kant bemerkte jedoch, daß es einen Widerspruch zwischen moralischer Pflicht und persönlichem Glück gibt, und daß die Erfüllung der Diktate des Ersteren die Opferung des Letzteren bedeuten könnte. Er versuchte diese Verschiedenheit dadurch zu versöhnen, daß er Gott, Freiheit und Unsterblichkeit auf rein ethischer Grundlage postulierte.

Obgleich wir nicht beweisen können, daß Gott die Auswahl, die wir mittels unseres freien Willens getroffen haben, beurteilen wird, sind diese Postulate für das moralische Leben notwendig. Gerechtigkeit geht davon aus, daß der Tugendhafte belohnt wird, und daß der Unmoralische bei einer letzten göttlichen Abrechnung bestraft wird. All dies weist auf andere Kriterien für die Auslegung des Sinns religiösen Glaubens hin. Es enthält auch Gründe zur Rechtfertigung für diejenigen, die ihr Recht, an Gott zu glauben, aufrechterhalten möchten. Suggeriert es, daß man sich nicht verantwortungsvoll benehmen kann, außer man glaubt an Gott, oder daß man keine wahre Ethik ohne Gott haben kann?

Diese letzten Behauptungen sind falsch, denn es ist klar, daß Menschen einen wachen Sinn für ihre moralischen Verpflichtungen und Aufgaben haben können und auch haben, ohne notwendigerweise an Gott zu glauben. Daher ist es einfach nicht so, daß ein ethisch geführtes Leben den Glauben an Gott voraussetzt. Die Anhänger von Aristoteles, Konfuzius und Buddha strafen diese Behauptung Lügen. Tatsächlich ist Kant selber für die Autonomie des praktischen moralischen Urteils eingetreten, ohne die Notwendigkeit, es von einer ihm zugrunde liegenden Voraussetzung abzuleiten. Es ist klar, daß viele Leute, die an Gott und einen Tag des Jüngsten Gerichts glauben, trotzdem unmoralisch sind, und umgekehrt, daß sogar, wenn so ein Glaube fehlt, die moralischen Kräfte sich ethisch verhalten können und dem Zwang des moralischen Gewissens folgen. Außerdem kann es eine gut fundierte Ethik des Humanismus geben.

Einige finden, daß nicht die *Wahrheit* einer religiösen Behauptung, sondern ihr *funktionaler Wert* wichtig ist. Funktionalisten haben die Ansicht vertreten, daß Religionen auf pragmatischer Grundlage beurteilt werden sollten, nicht danach, was gesagt wird, sondern danach, was getan wird. Es sind die Folgen unseres Glaubens im täglichen Leben, die der wirkliche Prüfstein ihrer Kraft sind. William James brachte diese pragmatische Argumentation in seinem Essay *The Will to Believe (Der Wille zu glauben)* vor, um seinen Glauben an ein göttliches Universum zu rechtfertigen.[14] Wir beurteilen Religionen nicht danach, was sie aussagen, sondern nach den Handlungen ihrer Anhänger, das heißt, nach ihrer Wirkung auf Moral und andere lebenswichtige Funktionen.

Sollen wir dementsprechend eine Reihe von Behauptungen deshalb als religiös betrachten, nicht nach dem, was sie sagen oder implizieren, sondern danach, zu welchem Verhalten sie führen? Teilen sich denn humanistische Glaubenssysteme mit theistischen Glaubenssystemen Funktionen, und qualifizieren sie sich dadurch als Religionen?

Dies wirft eine tiefere epistemologische Frage nach der Natur der Sprache auf. Es ist ohne Zweifel wahr, daß man, wenn man einen Ausdruck definieren will, untersuchen muß, wie er im Kontext verwandt wird. Wir sollten nicht nur nach seiner rein formalen Bedeutung fragen, sondern auch nach seiner Funktion oder seinem Gebrauch, und wir können die erstere nur durch Bezug auf den letzteren verstehen.

Gottessprache hat offensichtlich viele Funktionen und Anwendungen: Sie ist *gebietend,* da eine Reihe ethischer Gebote von ihr kommen; sie ist *beschwörend,* da sie tiefe Gefühle und Gemütsbewegungen ausdrückt; sie ist *ausübend*, indem sie Zeremonien und Rituale anregt. Aber religiöse Sprache, sage ich, hat als eine Kernfunktion den *unterrichtenden* oder *beschreibenden* Gebrauch der Sprache; denn sie weist auf die Existenz irgendeiner angeblich göttlichen oder geheiligten Herkunft der Wirklichkeit hin, irgendein transzendentes Wesen oder mehrere Wesen, über und über die Welt der gewöhnlichen Erfahrung hinaus.

Die beiden zentralen Fragen betreffen den *Sinn* der religiösen Sprache und die *Rechtfertigung* ihrer Behauptungen. Meiner Beurteilung zufolge ist die Behauptung, daß Gott existiert, niemals erhärtet, verifiziert oder verbindlich gemacht worden. Sie ist, wie ich feststelle, unwahr gemäß jeglicher annehmbarer Bedeutung des Ausdrucks *Wahrheit.* Vorsichtiger ausgedrückt würde ich sagen, daß die Behauptung "Gott existiert" unwahrscheinlich ist, und daher wahrscheinlich falsch. Die Beweislast liegt in jedem Fall bei den Verfechtern einer solchen Behauptung; es ist nicht die primäre Pflicht des Skeptikers, das Gegenteil zu beweisen. Die Unfähigkeit der Theologen über ein Jahrtausend, die Existenz Gottes zu zeigen oder zu verifizieren ist der Hauptgrund für meine Skepsis. Nachdem alles gesagt und getan ist, ist die zentrale Behauptung der Religion im wesentlichen leer, ohne klaren Sinn und Wahrheit. Religion, so wie wir sie verstehen, ist eine Projektion menschlichen Sehnens, eine Geschichte, gesponnen aus dem Gewebe menschlicher Interessen, ein Kunstgriff, angewandt, um menschliche Wünsche zu befriedigen. Nichtsdestotrotz beinhaltet sie als Minimum den Glauben an (wenn nicht die Wahrheit oder die Wirklichkeit) das Geheiligte und unsere Verpflichtung, es zu verehren.

Das Studium der menschlichen Kultur zeigt paradoxerweise, daß ein Glaubenssystem nicht wahr sein muß, um Macht auszuüben, und daß Männer und Frauen für die heilige Sache sterben, selbst wenn es jeglicher empirischer Grundlage entbehrt. Dies trifft in jedem Fall auf virulente Religionen zu. Und es trifft auch auf andere Glaubenssysteme zu. Zum Beispiel existiert die Astrologie schon seit mehr als fünftausend Jahren, obwohl Wissenschaftler nicht in der Lage waren, ihre zentrale These zu beweisen: daß die Zeit und der Ort der Geburt zu den planetarisch-himmlischen Konfigurationen in Beziehung steht, und daß diese unsere Persönlichkeit und unser Schicksal bestimmen. Denn der Glaube, daß das Schicksal eines Menschen mit den Sternen verbunden ist, ist beruhigend; es weist dem Menschen einen Platz im universalen Schema der Dinge zu. Trifft das nicht noch mehr auf den Judaismus zu, der heftig behauptet, daß die Juden das "auserwählte Volk Gottes" sind? Welche Leiden haben sie über tausend Jahre ertragen, um diesen Volksmythos zu verewigen. Das gleiche trifft auf Christentum und Islam zu, die Universalität in ihrem Bereich beanspruchen und einen Gott der ewigen Erlösung versprechen. Kein noch so großes Argument wird einem wahren Gläubigen sein erstes Postulat ausreden - wenn er nach kosmischer Rückversicherung verlangt.

Lassen Sie uns die Argumente der Funktionalisten in weiteren Einzelheiten untersuchen. Einige liberale Religionsanhänger, viele Religionssoziologen und einige Humanisten haben argumentiert, daß der Ausdruck *Gott* sogar nichts Empirisches oder Deskriptives bezeichne. Dies bedeutet nicht, daß er völlig bedeutungslos ist; der Glaube an Gott kann moralische, ästhetische, soziologische, psychologische und existentielle Funktionen haben. Sie haben versucht, die funktionalen Äquivalente des Redens über Gott in der Psychologie und Kultur des Menschen zu orten, und die Behauptung verworfen, daß es eine kognitive Wahrheitsfunktion hat. Die Argumente von John Dewey und Paul Tillich sind hier besonders zutreffend. Beide Schriftsteller haben Variationen des funktionalistischen Arguments benutzt. Obgleich Dewey ein gewissenhafter naturalistischer Humanist war, der den Glauben an eine übernatürliche Gottheit verwarf und sich wünschte, die traditionelle Religion aufzugeben, benutzte er trotzdem den Ausdruck *Gott,* definierte ihn neu, um ihn auf den Humanismus zuzuschneiden. Tillich, ein einflußreicher protestantischer Theologe, wollte die klassischen Symbole und Metaphern des Christentums erhalten, gab ihnen jedoch radikal veränderte existentielle Bedeutungen.

Deweys Unterscheidung zwischen Religion und dem Religiösen

In seinem Buch *A Common Faith* macht John Dewey eine wichtige Unterscheidung zwischen *Religion,* als einem institutionalisierten Glaubens- und Pratiksystem, und dem *Religiösen,* das sich auf bestimmte Erfahrungswerte bezieht. Er weist darauf hin, daß es eine derartige Vielzahl von Religionen gibt, daß es schwierig ist, eine generische Definition zu formulieren, die alle einschließt. Er erkennt, daß Religion mit dem Übernatürlichen verbunden ist, und daß theistische Religionen den Glauben betonen, daß "irgendeine unsichtbare höhere Macht" unser Schicksal kontrolliert und ein "Recht auf Gehorsam, Verehrung und Anbetung" hat.[15] Dewey sagt, daß es in diesem Zeitalter der modernen Wissenschaft nicht länger möglich ist, einen Glauben an ein göttliches Wesen aufrechtzuerhalten. Dessen ungeachtet glaubt er, daß es Erfahrungswerte gibt, die zu wichtig sind, um aufgegeben zu werden, und er möchte den Begriff *religiös* hierfür verwenden. Er spricht hier nicht über mystische oder quasi-mystische Erfahrungen, wo jemand behauptet, ein Gefühl für die erhöhte Anwesenheit Gottes zu haben. Das *Religiöse* bezeichnet keine spezifische Einheit; es bezeichnet vielmehr "Haltungen, die gegenüber jeglichem Objekt und jedem vorgeschlagenen Ziel oder Ideal eingenommen werden können."[16] Dewey benutzt den Ausdruck *religiös*, um Bezug auf die Erfahrungsaspekte zu nehmen, die zu der Integration unseres Sinnens und Trachtens beitragen, auf "die Ideale und Ziele, die so umfassend sind, daß sie das Ich einen." In diesem Sinne bezieht *religiös* durch Gefühle eingefärbte Moral ein. Für Dewey ist religiöser Glaube eine "Vereinigung des Selbst durch Verbindung zu vollkommen idealen Zielen, die uns die Einbildung zeigt ... als Wert unser Verlangen und unsere Wahl zu beherrschen."[17] Neben den Zielen, die Naturalisten vielleicht begrüßen, ist das ein Glaube an die Methoden der Intelligenz, der Demokratie, der Wissenschaft und der Bildung. Wie andere religiöse Symbole und Glaubensrichtungen können diese Ideale einige Bedeutung für das Leben geben und zu seiner Integration beitragen.

Viele liberal-religiöse Humanisten haben Deweys Unterscheidung zugestimmt. Wenn Humanismus keine Religion im allgemeinen Sinne dieses Ausdrucks ist - als ein institutionalisiertes Bündel von Glaubensvorstellungen und Praktiken, die an eine Gottheit gebunden sind -, drückt er zumindest viele Werte religiöser Erfahrung aus; das heißt, es gibt eine Ergebenheit zu einer Sache und eine Verpflichtung zu moralischen Idealen, die es wert sind, von Menschen erlangt zu werden. Der Humanist, nicht weniger als der Theist, nimmt sich heldenhaft und leidenschaftlich seiner moralischen Ideale an, versucht sie vor ihren Verleumdern zu verteidigen, und weiht sein Leben ihrer Anwendung.

In dem Bemühen, Kritikern pragmatische Intelligenz und demokratische Ansichten schmackhaft zu machen, entschloß sich Dewey, die traditionelle Sprache zu gebrauchen, jedoch mit einer veränderten Bedeutung. Er benannte Elemente der Moral, der Hingabe und des Gefühls im Glauben eines religiös Gläubigen; und er versuchte aufzuzeigen, daß Naturalisten und Skeptiker zu ähnlicher Stärke der moralischen Hingabe und erhöhter Gefühle fähig sind.

Ich fürchte jedoch, daß seine Reinterpretation, so verständlich sie auch ist, etwas ausgelassen hat, nämlich die zentrale Bedeutung der Religiosität. Letztendlich ist *religiös* ein Adjektiv, das von dem *Substantiv* Religion abgeleitet ist. Gemäß *Webster's Ninth New Collegiate Dictionary* bezieht sich der Ausdruck *religiös* auf alles, was mit "treuer Hingabe an eine anerkannte letzte Wirklichkeit oder Gottheit" in Beziehung steht oder es bezeugt. Ein religiöser Mensch ist "religiösen Glauben oder Regeln gegenüber ergeben" und ist "gewissenhaft und bewußt ergeben". Mit anderen Worten, zu sagen, daß jemand *religiös* ist, bedeutet, daß er "Hingabe an Religion klar zeigt", und daß er "fromm" und "gottesfürchtig" ist. Im allgemeinen ist ein religiöser Mensch jemand, der "seine Religion lebt" oder der "zu einem religiösen Orden oder einer Institution gehört." Man sagt, "er folgt seinen Lehren". Er ist "wahrhaft", "streng gegen sich selbst", "gewissenhaft", "inbrünstig" und "ergeben". Nicht alle religiösen Menschen sind Kirchgänger, trotzdem gibt es "innere Überzeugungen als Herzensangelegenheit", wie bei der protestantischen Annäherung an Gott durch inneren Monolog. Ein religiöser Mensch in diesem Sinne glaubt an oder weiß um Gott von innen heraus und versucht dem göttlichen Beispiel in seinem Leben zu folgen. Entsprechend können wir den Ausdruck *religiös* nicht von *Religion* trennen, wie Dewey es versuchte, ohne seine völlige Bedeutung zu beurteilen.

Dewey trübte die Streitfrage unnötigerweise durch Beibehaltung des Wortes *Gott*. In *A Common Faith* erklärt er, daß Gott "... die Einheit aller idealen Endzwecke bezeichnet, die uns zu Verlangen und Handlungen aufrüttelt" und eine "Vereinigung idealer Werte" darstellt.[18] Er schreibt: "Es ist dieses aktive Verhältnis zwischen Ideal und Wirklichkeit, welches ich mit dem Begriff 'Gott' bezeichnen würde."[19] Nun glaubt Dewey sicherlich nicht an die Realität eines göttlichen Wesens. Er ist ein Atheist. Trotzdem möchte er den Ausdruck "Gott" nicht völlig aufgeben. Weil er das nicht macht, hat er unbeabsichtigt die Ethik der Klarheit in Verlegenheit gebracht. Zwei Studenten Deweys, Sidney Hook und Corliss Lamont, wandten sich gegen seine Neudefinition eines klassischen Begriffs. Sowohl Hook als auch Lamont haben es abgelehnt, Humanismus als "religiös" auszulegen. Aber Deweys Ansichten hatten einen großen Einfluß auf Humanisten, die wünschten, irgendeine gemeinsame Basis mit liberaler Religion zu finden.

Pardoxerweise haben seine Ansichten auch einen nicht vorhergesehenen Einfluß auf religiöse Konservative gehabt, die behaupten, daß säkularer Humanismus eine Religion ist, und die John Dewey zitieren, um ihre Auffassung zu belegen. Sie machen das teilweise, um Dinge, die sie nicht mögen, von den öffentlichen Schulen auszuschließen - sie bezeichnen diese als "säkular humanistisch". Denn wenn Humanismus, auch naturalistischer und säkularer Humanismus, eine Religion ist, dann hätten wir es mit einer Verletzung des Ersten Zusatzes zur Verfassung der Vereinigten Staaten von Nordamerika zu tun, welcher besagt, "daß der Kongreß kein Gesetz erlassen soll bezüglich der Einrichtung von Religion und ihrer freien Ausübung." Diese Bemühung, Religion so neu zu definieren, daß nicht nur religiöser Humanismus, sondern auch säkularer Humanismus religiös sind, stellt Sprache völlig auf den Kopf; wie bei Lewis Carrols Alice im Wunderland, versuchen Konservative, durch willkürlichen Machtspruch Worten die Bedeutung zu geben, die sie sich wünschen. Dieser Definition zufolge ist Atheismus genauso wie Theismus religiös; dann aber kann alles und jedes religiös sein, und alle Unterscheidungsmerkmale brechen in sich zusammen. Nach meiner Beurteilung führt Deweys Gebrauch der religiösen Sprache zu unnötiger Verwirrung.

Tillichs Religion als letztes Anliegen

Dieser extremen Neudefinition von *Religion* wird durch Paul Tillich ein zusätzlicher Impuls gegeben. Er stellt nicht das Objekt religiöser Verehrung in den Mittelpunkt - Gott als Wesenheit -, sondern die Erfahrung der Endgültigkeit selber. Gemäß Tillich sind Menschen über viele Dinge im Leben besorgt, aber im Gegensatz zu anderen amoralischen Organismen haben sie "spirituelle" Aspekte. Einige von ihnen sind sowohl dringend als auch grundsätzlich. "Glaube", sagt er, "ist der Zustand des letzten Anliegens."[20] Wenn ein Glaube vorgibt, "endgültig" zu sein, fordert er die völlige Aufgabe von denen, die den Anspruch akzeptieren, und sie "verspricht vollkommene Erfüllung". Ein Beispiel hierfür ist der Glaube, der im Alten Testament manifestiert ist. Das finale Anliegen befaßt sich mit dem universellen Gott der Gerechtigkeit. Jahwe ist "das letzte Anliegen jedes frommen Juden". Das erste und grundlegende Gebot ist: "Du sollst den Herrn deinen Gott von ganzem Herzen und mit der ganzen Seele und all deiner Kraft lieben." (Deut.6, 5) Daher fordert Glaube "völlige Hingabe" an den Gegenstand des letzten Anliegens.

Für Paul Tillich kann der Inhalt des Glaubenszustandes unendlich variieren. Das spielt aber für die formale Definition von Glauben keine Rolle, da es verschiedene letzte Anliegen geben kann. Zum Beispiel kann eine nationale Gruppe das Leben und Wachstum des Nationalstaats als ihr letztes Anliegen bestimmen; sie fordert, daß alle anderen Anliegen diesem Ziel untergeordnet werden. Oder man kann sein letztes Anliegen auf Erfolg, den sozialen Stand und wirtschaftliche Macht lenken. Daher beherrschen Erfolg und Vollendung viele Menschen in den auf Konkurrenzkampf ausgelegten westlichen Gesellschaften, und diese Eigenschaften werden ihr Gott, mit bedingungsloser Hingabe und vielversprechender Erfüllung.

Für Tillich ist Glaube als letztes Anliegen "ein Akt einer totalen Persönlichkeit". Er liegt im dynamischen Zentrum seines persönlichen Lebens, der sowohl unbewußten nichtrationalen als auch bewußten rationalen, freien Willen beinhaltet. Wenn es eine bedingungslose Ergebenheit gibt, ist "Ekstase" mit im Spiel, die Intellekt, Gefühl und Willen einschließt. Für Tillich ist die Göttlichkeit Gottes auf das Bedingungslose und Ultimative fokussiert. Das letzte Anliegen eines Menschen vereinigt die subjektiven und objektiven Aspekte des Glaubens. "Es gibt keinen Glauben ohne ein Interesse daran, worauf er sich bezieht." Aber es gibt keine Letztendlichkeit, ohne, daß das Subjekt auch involviert ist.

Wie ist das mit traditioneller Religion? Tillichs eigenes letztes Anliegen schloß Christentum (sowie religiösen Sozialismus) ein, aber er interpretierte die Bedeutung seiner Symbole auf eine radikale Art neu. Symbole verweisen auf etwas, das über sie hinausgeht; sie haben Teil an dem, worauf sie hinweisen. Sie eröffnen uns angeblich die Wirklichkeit und unsere Seele, die uns sonst verschlossen bleiben würden. Sie können nicht absichtlich erschaffen werden, sondern drücken das kollektive Unbewußtsein aus. Tillich war ein Schüler Rudolf Bultmanns (1884 - 1976), des skeptischen deutschen Theologen, der die Bibel entmythologisierte. Wir wissen fast nichts über den historischen Jesus, sagte Bultmann, indem er sich auf die besten historischen, kritischen Bibelwissenschaftler seiner Tage berief. Bultmann betrachtete die biblischen Geschichten vom Garten Eden, dem Fall Adams, der Sintflut, dem Auszug aus Ägypten und die wundersame Jungfrauengeburt, die Wiederauferstehung und der Himmelfahrt Jesu als mythologische Geschichten, die einer kritischen Untersuchung nicht standhalten können. Wenn das Christentum noch irgendeine Bedeutung behalten soll, muß es in metaphorischem und symbolischem Sinn gelesen werden und nicht in einem buchstäblichen. Trotzdem hält Tillich Glauben - als letztes Anliegen - an Gott, über irgendeinen besonderen Gott hinaus, für die Quelle des Seins. Gott drückt unsere ultimative "bedingungslose Transzendenz" aus.

Einige Kritiker meinten, Tillichs Sprache sei in unnötiger poetischer Obskurität, gestotterter Zusammenhanglosigkeit und undurchdringlichem Nebel verhüllt. Auf eine bestimmte Art und Weise war Tillich ein Atheist, denn er verwirft die traditionellen Ansichten über Gott als Person und Jesus als göttlichen Sohn Gottes. Trotzdem benutzt er die Sprache der Christenheit, um den existentiellen Zustand der Menschen zu dramatisieren und stellt sich den Polaritäten, die im Sein angetroffen werden, und er bekräftigt "den Mut zu sein" im Angesicht des Nichtseins oder Todes.

Wie sollen wir Tillichs Theorie des letzten Anliegens bewerten? Sind einige letzte Anliegen echter als andere? Tillich betrachtet einige Anliegen als "götzendienerisch". Wie sollen wir betrügerische Symbole erkennen? Er sagt, daß die Versprechungen, die sie machen, nicht erfüllt werden, und daß sie auf Dauer gesehen die Persönlichkeit eher zersetzen als sie zu ergänzen. Darüber hinaus erklärt er mit Nachdruck, daß einige letzte Anliegen dämonisch sind: sie sind im Nazismus, Stalinismus, der Heiligen Inquisition und in Spielarten des Fundamentalismus zum Ausdruck gekommen. Sogar Monotheismus kann götzendienerisch werden; Gott kann ein Idol wie die Tiergötter oder Halbtiergötter Ägyptens werden. In modernen Diskussionen seiner Theorie hat Tillich säkulare letzte Anliegen eher als "Quasi-Religionen" denn als Religionen bezeichnet. Er gesteht auch, daß er stark von der liberalen humanistischen Tradition angezogen ist.

Es ist schwierig herauszufinden, wie Tillichs Theorie des religiösen Symbolismus bewertet werden kann. Ist sie es, die über das Sein des höchsten Wesens hinauszeigt? Oder ist es etwas anderes? Wahrscheinlich kann man Religion nicht einfach nach ihren Wahrheitsansprüchen beurteilen, sondern auch nach anderen Existentialfunktionen. So brillant Tillichs Einsichten manchmal auch sein mögen, gibt es etwas Unaufrichtiges bezüglich seiner Bereitwilligkeit, die Sprache der altertümlichen Christenheit zu benutzen und sie zudem noch mit neuen Bedeutungen auszustatten, damit sie ihre ursprüngliche Kraft verliert. Warum sollte man sich nicht einfach weigern, neuen Wein in die gleichen alten Schläuche zu füllen? Warum sollte man nicht völlig neue Richtungen einschlagen? Die Weigerung, dies zu tun, ist zweifelsohne auf die Angst vor einem radikalen Bruch mit den alten Mythologien zurückzuführen, und der Angst davor, das Ende der Beherrschung der menschlichen Zivilisation durch die antiken Glaubenssymbole zu erklären. Ich erwidere darauf, daß wir nicht die Sprache dadurch verdunkeln sollten, daß wir alte Worte mit neuen Bedeutungen ausstatten. Wir sollten der Wirklichkeit gemäß unseres Wissenschaftsverständnisses ins Auge sehen. Wir sollten eine neue humanistische Eupraxophie errichten mit neuen Konzepten und einem ehrlichen Gebrauch der Sprache. Theologen können sehr wohl ein Ende der Herrschaft antiker Glaubenssymbole über die menschliche Zivilisation fürchten. Warum sollten wir uns durch ihre Ängste verführen lassen?

Neubewertung des Funktionalismus

Es wird Zeit, daß wir die Funktionen, denen die Religion dienen kann, neu bewerten.

Für Funktionalisten machen theistische Glaubenssymbole keine beschreibenden Behauptungen auf irgendeine buchstäbliche Weise, sondern sind als dichterische Metaphern zu lesen. Sie machen keine speziellen Wahrheitsbehauptungen. Beispiele wären die Erklärung, daß Jesus der Sohn Gottes war, oder daß er auferstand, daß Moses die Zehn Gebote von Gott an die Kinder Israels übermittelte, oder daß Mohammeds Erklärungen göttlich enthüllt wurden.

Symbole und Glauben beziehen sich nicht auf die Existenz Gottes als wirkliche Person oder wirkliches Wesen. Sprache von Gott bezieht sich nur indirekt auf Wesen im allgemeinen, das heißt, auf die Kraft und Strukturen der kosmischen Ordnung, die außerhalb unserer Kontrolle liegen.

Religiöse Sprache bestätigt nicht empirisch, daß die körperlose Persönlichkeit den Tod des Körpers überleben und ewiges Leben in irgendeiner neuen Form genießen wird. Es dramatisiert nur die Finalität der menschlichen Existenz, unsere Sterblichkeit, und das Eintauchen jedes Menschen in den kosmischen Ozean, aus dem er einmal hervorging.

Religiöse dichterische Metaphern beinhalten nicht ewige Rettung für diejenigen, die glauben, im Unterschied zu denen, die nicht glauben. Sie geben nur ein wenig existentiellen Trost im Angesicht der Widrigkeiten, und sie unterstützen den Mut, im Angesicht des Todes weiterzuleben. Sie dramatisieren nur die brutale Wirklichkeit der Endlichkeit des Menschen.

Der Funktionalist behauptet, daß die religiösen Glauben und Symbole sowohl von Theisten als auch von Atheisten analoge Funktionen haben. Sie geben vor, daß nicht das zählt, was der Glaube sagt, sondern das, was er für die Erfahrung und Kultur der Menschen tut. Was sind die ausgesprochen religiösen Funktionen solchen Glaubens? Was ist einmalig am *homo religioso*?

1. Ein Glaubenssystem - ob theistisch oder humanistisch -, das völlig religiös ist, sagen die Funktionalisten, gibt dem Leben Sinn und Richtung. Es rafft die Bruchstücke unserer Erfahrung und unseres Wissens zusammen und sorgt für Integration im Leben, die uns in die Lage versetzt, besser zu wirken. So ein Glaubenssystem spielt daher *im verinnerlichten Ich eine psychologische Rolle.* Die Vereinigung unserer Werte und Haltungen, behaupten sie, kann uns helfen, die Unentschiedenheit über den Platz, den wir im Universum einnehmen, zu überwinden, und sie kann uns helfen, besser zu leben, ohne in skeptische Zweifel gezogen zu werden.

2. Ein religiöses Glaubenssystem könnte auch eine Grundlage für *moralisches Verhalten* sein. Es bietet eine wohlbegründete Erklärung für Selbstdisziplin und Eigenständigkeit, die Beherrschung unserer Neigungen und unseres Verlangens. Moralsysteme beherrschen auch unser Verhältnis zu anderen. Sie machen uns unsere Pflichten bewußt; sie schärfen uns ein, anderen Menschen keinen Schaden zuzufügen, Leiden zu mindern, empathisch und rücksichtsvoll bezüglich der Bedürfnisse aller fühlenden Wesen zu sein.

3. Religiöse Symbole haben, indem sie einen allgemeinen Rahmen für die Tradition bilden, *soziologische Funktionen,* die von Generation zu Generation weitergereicht werden; sie werden zu einem unauslöschlichen Bestandteil der menschlichen Gesellschaft. Religiöse Einrichtungen tragen daher zu einer Stabilisierung der menschlichen Gesellschaft bei. Sie legen - egal wie unterschiedlich sie sein mögen - annehmbare Maßstäbe moralischen Verhaltens fest. Sie befähigen uns, zukünftigen Mitgliedern der Gruppe ein ehrwürdiges Erbe weiterzureichen und so vor Konflikten zu schützen. Sie stellen eine Grundlage der Identifikation und der Loyalität als Bestandteil der kulturellen Tradition zur Verfügung. Wenn wir die Lebensabschnittsweihen zusammen feiern und unser Leid und unsere Freude mit unserer Stammesgemeinschaft teilen können, ist ein bißchen gesellschaftliche Unterstützung für die allgemeinen Krisen, die im Leben bewältigt werden müssen, gegeben. Dadurch, daß wir das Erbe

einer weit zurückliegenden Vergangenheit in Anspruch nehmen, können wir Exzesse in Gegenwart und Zukunft verhindern und einsamen Menschen Unterstützung gewähren, die sonst die fürchterlichen Entscheidungen des Lebens allein tragen müßten. Religion bindet uns damit an unsere ethnische Gruppe, sie ist eine der emotionalen Bindungen zwischen Großeltern, Eltern und Kindern, die die Person klar festlegt, genauso wie ihre Sprache und Kultur.

4. Ein religiöses System kann eine Quelle *ästhetischer Anregung* sein, es kann die Visionen und Sehnsüchte der Menschen in Szene setzen. Es kann in Imagination und Metapher die Formeln einer Anzahl kosmischer Ideale, verstärkt durch das Gefühl für Schönheit, hervorbringen. Kunst, Architektur, Musik und Literatur können so zu neuen Höhen metaphorischen Ausdrucks angeregt werden.

5. Religion hat, wenn wir den Fundamentalisten folgen, eine ultimative *existentielle* Funktion. Sie feiert die Geburt, die Pubertätsriten, Sieg und Niederlage, Heirat und Tod - alle wichtigen Stationen im Leben eines Menschen. Sie versetzt uns in die Lage, mit der Tragik umzugehen; sie versucht, Linderung für den Schrecken des Todes zu gewähren; sie hat ein System, das Reinigung hervorruft. Dadurch, daß sie das Leben des Menschen in einen größeren Zusammenhang stellt, kann sie uns von der metaphysischen Furcht vor dem Unbekannten entlasten. Dadurch, daß sie das Leben eines jeden einzelnen in Beziehung zum Kosmos setzt, kann sie uns mit Trost und Hoffnung versehen.

Ich habe fünf Funktionen religiöser Glaubenssysteme aufgezählt. Es mag noch andere geben. Aber wenn man die fünf vorstehenden betrachtet, sieht man, daß nicht die religiösen Metaphern wichtig sind - sie werden unterschiedlich sein, wie Kulturen unterschiedlich sind -, aber der fortbestehende Gehalt der Symbole stellt eine "geistige" Nahrung für unseren tiefsten psychologischen Hunger bei unserem Versuch dar, die Mysterien der Ewigkeit auszuloten. Obgleich die Funktionen um sich eine Aura der Wahrheit verbreiten, bringen sie gleichzeitig eine kritische Intelligenz in Verlegenheit, die sie außerstande setzt, die religiösen Metaphern als Ganzes zu schlucken. Wenn eine Funktion ein Bedürfnis befriedigt, egal ob ein grundsätzliches oder ein abgeleitetes, könnten wir uns fragen, ob es nicht durch nichtreligiöse Formen des gesellschaftlichen Lebens befriedigt werden kann - philosophisch, wissenschaftlich, wirtschaftlich, politisch, ethisch, künstlerisch oder eupraxophisch? Alle grundlegenden funktionellen Bedürfnisse der Menschheit als religiös zu bezeichnen, hieße, eine umstrittene Frage als Tatsache vorzutäuschen und die Menschheit auf frühere vorphilosophische und vorwissenschaftliche Stufen der historischen Entwicklung festzulegen. Ich sage, daß der *Inhalt* eines Glaubenssystems nicht übersehen werden darf; sein Wahrheitsanspruch ist *wesentlich* für die Bewertung seines funktionellen Wertes.

Ich bin damit einverstanden, daß die vorstehende Liste der Funktionen die unveränderbaren und immer wieder auftretenden Bedürfnisse der Menschheit darstellen, und daß diese nicht auf eine spezielle zeitliche, kulturelle Schicht der Geschichte begrenzt sind. Lassen sie mich jedoch darauf hinweisen, daß es ein Fehler ist, zu sagen, daß allein religiöse Praktiken und Glaubenssysteme in der Lage sind, jene Bedürfnisse zu befriedigen, und/oder daß jegliche andere alternative Institution, die sich darum bemüht, diese Bedürfnisse zu befriedigen, ipso facto als Religion konzipiert sein muß. Ein theistisches Glaubenssystem führt zu bestimmten konkreten Formen der Ausübung, und diese weichen merklich von naturalistischen Glaubenssystemen ab. Diese unterschiedlichen Systemarten können nicht miteinander verglichen werden. Denn religiöse Menschen werden beten und Ritualen folgen, die nicht religiösen werden das nicht tun. Eine radikale Veränderung ist in der Kultur des Menschen eingetreten, weil sich der menschliche Verstand entwickelt hat. Wissenschaft und Technologie haben unsere Fähigkeit, die Natur zu verstehen, verändert, so daß eine "okkultistische" Erklärung nicht länger vonnöten ist. Außerdem hat sich unser Gefühl für Macht und Einflußnahme auf unser Schicksal erweitert. Entsprechend gibt es keine Notwendigkeit, göttliche Mächte durch Gebet milder zu stimmen. Der einzige Grund für das Gebet ist beschwörend: Es bringt unser Leid heraus, drückt unsere Hoffnung aus, macht vielleicht sogar unseren verrückten Ideen Luft. Es hat darüber hinaus keine kausale Wirksamkeit.

Übernatürliche Religionen postulieren "versteckte und ungesehene Kräfte", die für das, was den Menschen geschieht, verantwortlich sind, und sie beschreiben unsere Verpflichtungen und Pflichten der Ehrenbezeugung ihnen gegenüber. Lassen Sie uns die Definition von der Funktion entflechten und den Inhalt von der Form, um zu sehen, wie unterschiedliche Glaubenssyteme zu unterschiedlichen Formen des Verhaltens führen. Es ist klar, daß die funktionellen und verhaltensmäßigen Konsequenzen *nicht* das gleiche sind.

Gläubige übernatürlicher Religionen haben sicher andere Lebensstile haben als nichtreligiöse Menschen. Gläubige Monotheisten glauben, daß sie ein Teil eines vorbestimmten Planes sind, und daß das, was sie tun, einem göttlichen Geist bekannt ist, und daß er sie beobachtet, daß Gott letztendlich für die ganze Schöpfung verantwortlich ist, und daß wir durch eine Änderung unseres Glaubens und unserer Handlungen Gottes Plan beeinflussen können. Dies setzt voraus, daß wir einen geduldigen Glauben haben und daß wir seinen Geboten gehorchen.

Humanisten haben in ihren "letzten Anliegen" keine derartige Erwartung. Sie betrachten das Universum als indifferent gegenüber ihren Wünschen und Verlangen. Sie beten nicht und beten nicht an. Sie erwarten kein zukünftiges Leben. Was auch immer sein wird, hängt nicht von Gottes Willen oder dem Schicksal ab, sondern von Glück, Zufall und ihrem eigenen Bemühen. Daher sind "letzte Anliegen" in ihren Ergebnissen oder Funktionen nicht gleich. Tatsächlich können verschiedene Glaubenssysteme *negative Ergebnisse* oder *Funktionsstörungen* haben, wenn man sie nicht mit anderen Aspekten des Verhaltens vergleicht. Wie sehen einige davon aus?

1. Zuerst und vor allem *wirken sie auf die Wahrheit.* Es gibt verschiedene Methoden, Wahrheitsansprüche zu begründen. Übernatürliche Glaubenssysteme stehen mit der wissenschaftlichen Sicht im Widerspruch darüber, daß Wissensansprüche objektiv durch den Bezug auf Beweise und Vernunft erhärtet werden müssen, bevor sie akzeptiert werden können. Religionen geben Mythen als Wirklichkeit aus, obgleich es wenig oder keinen Beweis zu ihrer Unterstützung gibt. Sie basieren auf Offenbarungen, Wundern oder Mystizismus. In einigen spielen Mythen eine so führende Rolle, daß ergebene Theisten versuchen, diejenigen zu zensieren, die entgegengesetzte Ansichten vertreten. Dabei versuchen sie "Ketzerei" zu unterdrücken. Solche Systeme haben kein Verhältnis zur Wirklichkeit; wenn sie mit aller Macht vertreten werden, können sie pathologisch werden. Wenn sie sich verhärten, werden sie absolut. So können sie wissenschaftliche und philosophische Forschung vereiteln und den kreativen Horizont menschlicher Entdeckung begrenzen.

2. Wo ein mythisches System fest verankert ist, kann es *ethischen Fortschritt blockieren.* Die Absolutheiten der Vergangenheit sind für die Zukunft festgeschrieben. Verbote, Tabus und krankhafte Ängste dominieren; Haltungen bezüglich Scheidung, Geburtenregelung, dem Essen

bestimmter Lebensmittel, der Rolle der Frauen und so weiter werden als strikte Gebote aufgefaßt, die verbindlich für die Anhänger des Wahren Glaubens sind. Jegliche Veränderung im Moralkodex wird mit Entsetzen gesehen. Wo sich jedoch die Gesellschaft verändert, gibt es die Notwendigkeit für kritische ethische Forschung, um antike Praktiken zu verändern und neue Prinzipien und Werte für unser Verhalten zu begründen. Der Unterschied besteht zwischen der Moral, die auf Glauben gegründet ist, und der ethischen Wahl, die auf Rationalität beruht.

3. Unversöhnliche moralische Haltungen können zu *repressiven Ansichten über Sexualität* führen. Sie können alles, was außerhalb eng definierter Verhaltensnormen liegt, als böse verdammen, wie zum Beispiel alle Formen des Ehebruchs, Masturbation, Pornographie, Homosexualität und vorehelichen Geschlechtsverkehr. Religionen erwecken oft Schuldgefühle und das Gefühl der Sünde. Erosfeindlichkeit erzeugt Selbsthaß und Furcht, ein Gefühl, daß Sex schlecht ist, und daß man ihn zwar haben oder ertragen muß, jedoch nicht genießt.

4. Auf der positiven Seite kann ein theistisches System zu humanitären Taten und wohltätiger Sorge um die Menschheit führen. Auf der negativen Seite kann es sich *intolerant gegenüber anderen Glaubenssystemen* zeigen, unversöhnlich und mißtrauisch gegenüber Mannigfaltigkeit und Unterschieden. Es kann haßerfüllten, mißtrauischen, brudermörderischen Konflikt hervorrufen - alles im Namen des wahren Glaubens. Es kann zu ethnischen und religiösen Kriegen führen. Inquisitionen und Kreuzzüge wurden durch wahre Gläubige unternommen, um ihren Glauben anderen aufzuzwingen.

5. Im besten Falle können religiöse Impulse Mitleid mit den Unterprivilegierten erzeugen und gemeinsame Handlungen zur Verbesserung der Bedingungen für die Menschen fördern. Jedoch könnte Religion auch versuchen, *den gesellschaftlichen Fortschritt zu behindern;* aus Angst vor Veränderung mag sie versuchen, Neuerungen zu unterdrücken. Ihre soziologische Funktion, eine stabile Gesellschaftsordnung zu erhalten, kann für die, die nach Freiheit verlangen, die, die nach Gleichheit streben, die, die Entrechtete befreien möchten, oder die, die Rechte und Freiheiten den unteren Klassen der Gesellschaft zuteil werden lassen wollen, unterdrückend werden. Obgleich die Befreiungstheologie das soziale Evangelium akzeptiert, können verschiedene theologische Tendenzen sie behindern. Dadurch, daß man die Erlösung in die kommende Welt verlegt,

biegt die Theologie überwiegend die Hauptsorge um die Verbesserung der Bedingungen in dieser Welt ab.

6. Religiöse Systeme können zu Kunstwerken inspirieren - schön und beredt - aber sie können *ästhetisch langweilig sein, sogar geschmacklos und häßlich.* Andere Formen künstlerischen Ausdrucks bringen Seiten der menschlichen Vorstellungskraft zum Ausdruck, die nicht mehr klassischen Modellen folgen, und die auf eine neue Renaissance und auf die Säkularisation der menschlichen Interessen und Werte zielen.

7. Theistische Glaubenssysteme können, sogar wenn sie mythologisch sind, denen Tröstung und Hilfe geben, die Sinn im Leben suchen. Aber sie können auch eine *tiefsitzende Sorge bezüglich des Unbekannten erzeugen,* Angst vor Gottes Strafe, irrationale Ahnungen über okkulte und dämonische Kräfte. Sie können innere Repressionen im Namen der absoluten Gottesfurcht erzeugen.

Aus meiner Sicht sind die zentralen Fragen die existentiellen: Hilft der Theismus uns, die Mysterien des Lebens zu lösen? Hilft er uns, dem Tod ins Auge zu sehen? Trägt er zu einem besseren Leben bei als die humanistische Eupraxophie? Auch andere Kernfragen werden oft aufgeworfen: Hätte das Leben für Menschen einen Sinn, wenn sie wüßten, daß Gott tot wäre, und daß das Universum keinem Entwurf folgte und keiner Absicht unterläge? Ist die Botschaft des säkularen Humanismus zu brutal, um verdaut werden zu können? Brauchen wir den Trost der Mythen, um uns selbst zu erhalten? Unglücklicherweise habe ich keine einfache Antwort auf diese Fragen. Die eigensinnige Beharrlichkeit der Systeme mythischer Illusion, lange nachdem sie durch die Vernunft und die Wissenschaft widerlegt wurden, legt einem ausdrücklich nahe, daß tief in des Menschen Brust "die transzendentale Versuchung" lauert, und daß es nicht einfach ist, naturalistischen Ersatz dafür zu finden, dieser Versuchung zu widerstehen. Wir sind nicht nur täglich mit den schwerfälligen Überbleibseln der antiken orthodoxen Religionen konfrontiert, sondern, erstaunlicherweise, wo die alten Religionen geschwächt wurden, sind oft neue Kulte aufgetaucht, die schwärmerisch neue transzendentale Mythen propagieren. In den westlichen Gesellschaften nehmen diese oft paranormale oder okkulte Formen an, und wo die westlichen Religionen zurückgehen, können die Mysterien-Religionen des Orients auftauchen.

In *The Transcendental Temptation* habe ich die Frage aufgeworfen, ob es etwas Sozio-Biologisches oder sogar Genetisches gibt - ein "transzendentales Gen" -, das die Mitglieder der menschlichen Spezies dafür prädisponiert, transzendentale Mythen zu erfinden oder herauszusuchen. Das große Beharrungsvermögen dieser Mythen in den meisten Kulturen vorausgesetzt, könnte man schließen, daß es tatsächlich ein tiefliegendes Bedürfnis in der menschlichen Spezies gibt, daß wir transzendentalen Halt für unsere endliche Existenz erflehen, und daß wir dauernd geneigt sind, unsere Hoffnungen in mysteriöse, unsichtbare Mächte als Mittel der Erlösung zu setzen.

Der Hauptgrund, warum ich diese Hypothese in Abrede stelle, ist die Tatsache, daß es transzendentale Mythen nicht überall und in allen Kulturen in der gleichen Art gibt. Denken Sie an die Hunderte von Millionen Menschen, die keinen Gott angebetet haben. Zum Beispiel hat China mehr als 2000 Jahre lang das konfuzianische, ethische System gehabt, und das ist keine übernatürliche Religion. Auch hat es mehrere marxistische Gesellschaften gegeben, die ohne starke theistische Religion lebten, obgleich Vulgärformen des Marxismus versuchten, sie mit säkularem ideologischen Eifer zu ersetzen. In den religiösen Kulturen der westlichen Welt gibt es bedeutende Minderheiten von Säkularisten und Humanisten, die ein ausgefülltes Leben ohne ein Bedürfnis nach den Mythen der Tröstung führen. Daher läßt die Tatsache, daß diese Art transzendentaler Glaubenssysteme für große Minderheiten nicht vorhanden waren, den Schluß zu, daß die transzendentale Versuchung überwunden werden kann. Die eigentliche Frage lautet *wie?*

Unleugbar ist die zentrale Aufgabe der Religion ihr Versuch, individuelle menschliche Zweckbestimmung als letzte ontologische Verankerung in einen größeren kosmischen Zusammenhang zu stellen. Religion baut ein gesellschaftliches Hilfssystem auf, das einsame Seelen in die Lage versetzt, ihre Werte und Träume zu teilen. Indem sie sich zusammendrängen, versuchen menschliche Wesen, Widrigkeiten und Unglück zu trotzen; und durch gemeinsames Feiern versuchen sie die offensichtlichen Freuden, die das Leben bringen kann, zu teilen. Durch Singen von Erlösungshymnen fühlen sich einige Männer und Frauen offensichtlich besser in der Lage, mit den manchmal grausamen Wendungen des Lebens fertig zu werden, und sie mögen Tröstung in den fantastischen Geschichten und Parabeln finden, die durch Religionen ausgesponnen wurden. Theistische Religionen projizieren unsere existentiellen Bedürfnisse; sie brauen Fantasien zusammen, um mit der Endlichkeit und dem

Tod fertig zu werden. Aber eine entscheidende Frage ist: Sind sie *wahr*? Wenn man das anzweifelt, muß man sich nach einer Alternative umsehen, die der Wahrheit näher kommt, nämlich dem Humanismus.

    Kann jedoch der Humanismus eine authentische Lösung für unseren existentiellen Zustand darstellen? Dies ist die entscheidende Frage. Wenn er das kann, dann muß er an seiner Festtafel kosmische Moralpoesie bereithalten, die uns anzieht und anregt. Sie muß begeisternde neue Botschaften bringen, die mit den klapprigen Mythen der Vergangenheit konkurrieren können.

Anmerkungen

1. G. E. Moore, *Principia Ethica* (Cambridge, 1903)
2. Cicero, *De Natura Deorum*, ii, 28, Seite 72.
3. Lactantius, *Divinae Institutions*, IV, Seite 28.
4. Servius, in a commentary on Vergil's *Aeneid*, Seite 349.
5. St. Augustine, *Retractationes*, I, Seite 13.
6. E. E. Taylor, *Primitive Culture*, Band 1, Seite 424.
7. James G. Frazer, *The Golden Bough*, 2. Aufl., Band 1, Seite 63.
8. E. Crawley, *The Tree of Life*, Seite 200.
9. Emile Durkheim, *The Elementary Forms of Religious Life* (New York: Collier Books, 1961), Seite 62.
10. Anthony F. C. Wallace, Religion: *An Anthropological View* (New York: Random House, 1966), Seite 52.
11. Jacob Needleman, *The New Religions* (New York: E. P. Dutton, 1977), Seite 10.
12. *The Sacred Books of Confucius and Other Confucian Classics,* herausgegeben und übersetzt Ch'u Chai and Winberg Chai (Hyde Park, N.Y.: University Books, 1965); Analects, XI, 11, S. 10.
13. Jacques Maritain, *An Introduction to Philosophy*, Übersetzung E. I. Watkins (London: Sheed and Ward, Ltd., 1930), Kapitel 7-8.
14. William James, *The Will to Believe* (Cambridge, Mass.: Harvard University Press, 1979).
15. John Dewey, *A Common Faith* (New Haven, Conn.: Yale University Press, 1934), Seite 3.
16. ebenda, Seite 10.
17. ebenda, Seite 33.
18. ebenda, Seiten 42 u. 43.
19. ebenda, Seite 51.
20. Paul Tillich, *Dynamics of Faith* (New York: Harper and Row, 1957), besonders Kapitel 1 und 3.

IV. Überzeugung und Verpflichtung

Ist humanistische Eupraxophie in der Lage, Glaubensformen zu entwickeln, die mit Überzeugung vertreten werden können, und Werte, die uns anregen? Kann sie einen verläßlichen kosmischen Ausblick vom Universum und der Stellung des Menschen darin geben? Kann sie Richtlinien dafür geben, wie man ein gutes Leben führt, und dafür, wie man eine gerechte Gesellschaft erreicht?

Es gibt viele widerstreitende Ansätze zur Erkenntnis. An einem Ende der Skala liegt extremer Skeptizismus, ein Zustand, in dem man nicht gewillt oder in der Lage ist, ein Urteil zu fällen oder einen Standpunkt über die Natur der Wirklichkeit einzunehmen, oder über die besten im Leben zu verfolgenden Werte. Sein natürlicher Zustand ist Neutralität und Unentschiedenheit. Am anderen Ende der Skala befinden sich Religion und Ideologie, sicher fanatisch bezüglich der Wahrheit ihrer Ansprüche und darauf aus, sie allen aufzuzwingen. Sie lassen keinen Zweifel zu und dulden keine Opposition gegen ihre Glaubenssätze.

Einige Formen wissenschaftlicher und philosophischer Forschung tendieren ganz natürlich zu einem neutralen Pol, und dies nicht ohne Grund. Denn es ist wesentlich, daß wir bei der Bewertung von Wissenshypothesen objektiv sind und vorsichtig bezüglich derer, die jetzt noch nicht überprüft sind.

Die Rolle der Wissenschaft

Lassen Sie uns erst den wissenschaftlichen Bezugsrahmen untersuchen. Der Wissenschaftler in seiner Eigenschaft als Forscher ist einer Reihe methodologischer Kriterien verpflichtet, denen er ohne Skrupel folgen muß, wenn seine Forschung Erfolg haben soll. Der Wissenschaftler muß bezüglich aller Fragen aufgeschlossen sein. Er darf seiner Voreingenommenheit nicht gestatten, sein Urteil zu beeinflussen. Er beginnt normalerweise mit einem Problem oder einer schwierigen Aufgabe, die ihn oder andere in der Gemeinschaft der wissenschaftlichen Forscher bewegt. Es gibt Tatsachen, vielleicht Anomalitäten, die beschrieben werden müssen, über die Rechenschaft abgelegt werden muß, die erklärt werden müssen.

Er fragt: "Was passiert und warum?" Er formuliert Hypothesen und versucht, sie durch Beobachtung der Beweise zu überprüfen. Er entwickelt Theorien, die Bestand gegenüber anderen Hypothesen haben müssen, die bereits bestätigt wurden, als mehr oder weniger zuverlässig gelten und mit ihnen im Einklang stehen. Seine Theorien werden unter kontrollierten Versuchsbedingungen überprüft. Er fragt: "Was ist die Ursache dieser seltsamen Krankheit? Können wir den Virus isolieren?" oder "Wie kann man die beobachteten Störungen im Orbit des Neptuns erklären? Gibt es noch einen anderen Planetenkörper, der einen Schwerkrafteinfluß auf ihn ausübt?" und "Warum tritt plötzlich eine Preisinflation auf? Was sind ihre Ursachen?"

Jede dieser Fragen wird in einem gesonderten Fachgebiet gestellt: Biologie, Astronomie, Ökonomie. Die Hypothesen, die als Lösungen auf die Fragen angeboten werden, können nur unter Bezug auf die Beweismittel objektiv beurteilt werden, und der Wissenschaftler muß Gründe ableiten, um sie zu stützen. Vermutlich können andere auf dem gleichen Forschungsgebiet arbeitende kompetente Fachleute seine Gründe untersuchen und die Angemessenheit seiner Hypothesen bewerten. Der Wissenschaftler darf seine Voreingenommenheit nicht gestatten, ihm selber im Wege zu stehen. Er mag Vorahnungen über das haben, was und warum es passierte, und diese können bei seiner Forschung den Ausschlag geben. Aber er darf nicht der übereifrige Anwalt werden, der seinen spekulativen Theorien erlaubt, seine Daten zu färben. Die letzte Instanz sind seine Fachkollegen, die seine Daten und seine Überprüfungsmethoden beurteilen und bestärken können, seine Hypothese unterstützen oder nicht. Zugegeben, daß Wissenschaftler auch Menschen sind, und daß sie sich oft von ihren Vorlieben leiten lassen. Besonders, wenn neue Theorien aufgestellt werden, haben Forscher schon oft gegen starke Opposition zu kämpfen gehabt. Es kann immenser Anstrengungen bedürfen, das wissenschaftliche Establishment davon zu überzeugen, daß neue Hypothesen zuverlässig von Beweisen getragen werden. Dies erlebten viele große Wissenschaftler, die Jahre brauchten, um ihre Forschungsprojekte zu rechtfertigen.

Wissenschaft ist eine Sache von *Menschen,* und sie hängt in der letzten Analyse davon ab, wieviel Energie und Mühe Menschen bereit sind, für ihren Erfolg zu investieren. Kulturelle Moden formen auch Haltungen in den Gemeinschaften, und sie neigen dazu, ein Paradigma einem anderen vorzuziehen. Trotzdem, wenn die Wissenschaft bei ihrem immerwährenden Kampf um zuverlässiges Wissen erfolgreich sein soll, müssen sich Forscher bezüglich ihrer Hypothesen und bei der Bewertung der Beweise unparteiisch benehmen. Der Wissenschaftler muß Fragen nach der Natur stellen, aber er muß sorgfältig zuhören, ohne seine Präferenzen oder persönlichen Überzeugungen die Tatsachen, die er aufnimmt, beeinflussen zu lassen. Die methodologischen Regeln, die Forschung bestimmen, müssen richtig angewandt werden. Daher gibt es ein objektives Ideal, das auf wissenschaftliche Forschung angewandt wird, eins, das die Mitglieder der Forschergemeinschaft gemeinsam haben: den Appell zu Klarheit, Kargheit, Beweisführung, experimentellen Ergebnissen und logischem Zusammenhang. Der Wissenschaftler kann als Forscher kein Advokat oder Propagandist sein. Er kann nicht den leidenschaftslosen Kampf um Wahrheit in eine leidenschaftliche Verteidigung einer Theorie zu Ungunsten einer anderen führen. Er muß der uninteressierte Zuschauer sein, der seine Forschung betreibt und seine Ergebnisse für sich selber sprechen läßt. Das heißt nicht, daß er nicht interessiert ist - er mag durch sein Projekt sehr angeregt sein -, nur daß er seinen eigenen Interessen nicht gestattet, die Beweise zu Gunsten seiner Hypothese zu verschieben. Er ist kein passiver Zuschauer, denn Wissenschaft erfordert ein aktives Hinterfragen, ein geistreiches Bedenken von Lösungen, und ein kreatives Ausdenken von Methoden, um Ahnungen zu überprüfen. Er ist nur beim Beobachten und Aufzeichnen der Daten passiv. Zu sagen, daß der Wissenschaftler in seinem eigenen Forschungsgebiet neutral sein muß, bedeutet, daß er sich der Beweise zu Gunsten der gegenwärtigen Theorien bewußt ist, aber auch die Lücken bei den Beweisen und die noch nicht stimmigen Bereich kennt, die noch gelöst werden müssen.

Das Gebiet der Parapsychologie ist eins, das einem sofort zur Illustration einfällt. Viele Forscher haben jahrelange Arbeit für die Untersuchung parnormaler Phänomene aufgebracht. Sie haben versucht, experimentelle Laborversuchsbedingungen zu entwickeln, um die Hypothesen zu überprüfen. Einige Parpsychologen handeln als echte Gläubige, denn sie sind von der Realität außersinnlicher Wahrnehmungen überzeugt. Aber es gibt auch engagierte Skeptiker, die trotz intensiver Bemühung nicht in der Lage waren, die Ergebnisse zu wiederholen oder die Realität der Phänomene zu zeigen. Man muß jedoch immer weiter Ausschau halten, und hier ist die einzige angemessene wissenschaftliche Haltung die, mit aufgeschlossener Haltung neue Hypothesen und Daten zu überprüfen. Wissenschaft ist von ehrlicher Forschung abhängig, nicht von Anwaltschaft für oder gegen etwas. Das Ganze muß mehrfach wiederholt werden. Die Wissenschaft gehört mit zu den wichtigsten menschlichen Bemühungen, aber sie kann nur durch einen wachen Verstand und eine unparteiische Suche nach Wahrheit vorangebracht werden. Es gibt Probleme mit diesem leidenschaftslosen wissenschaftlichen Programm, weil die Wissenschaft sehr kompliziert wird und sich in Untergebiete auflöst, während sie Fortschritte macht. Wenn jemand in der Forschung erfolgreich sein will, muß er sich in einem Untergebiet spezialisieren und sich intensiv bemühen, die Schwierigkeiten in dieser Disziplin zu entwirren. Innerhalb des Fachgebietes sind die einzigen effektiven Werkzeuge, die angewandt werden sollten, die rigorosen Kriterien objektiver Forschung.

Obgleich es bequem ist, eine Angelegenheit zu unterteilen, kann die Spezialisierung, die sich daraus entwickelt, auf willkürlicher Unterteilung beruhen, denn die der Forschung unterliegenden Objekte können zusammenhängend und nicht trennbar sein. Zum Beispiel konzentrieren sich Sozialwissenschaftler auf politische, wirtschaftliche oder soziologische Prozesse, basierend auf Literatur und Techniken, die innerhalb ihres eigenen Fachgebietes benutzt werden; jedoch ist die Gesellschaft ein integriertes Ganzes, und die Arbeitsteilungen müssen irgendwann in der Zukunft durchdacht und neu geordnet werden. Medizin befaßt sich mit dem Menschen als Ganzem, und trotzdem gibt es Fachbereiche, die sich spezialisiert haben. Kardiologen befassen sich mit dem Herzen, Augenärzte nur mit den Augen, Orthopäden mit dem Knochenbau. Wer wird die einzelnen Entdeckungen in integrierte Theorien darüber zusammenfassen, wie die Gesellschaft oder ein menschliches Wesen funktionieren? Hier gibt es Wettbewerb zwischen den Fachleuten; wir brauchen jedoch Generalisten, die in der Lage sind, das angesammelte Wissen, das durch die einzelnen Disziplinen vorhanden ist, zu einem umfassenden Ganzen zu verbinden.

Dies wird um so wichtiger, wenn man erkennt, daß, obgleich Wissenschaftler daran interessiert sind, die theoretische Grundlagenforschung zu erweitern, Forschung jedoch auch eine pragmatische Anwendungsseite hat. Wirtschaftswissenschaftler möchten verstehen, wie Wirtschaft funktioniert, sie möchten dieses Wissen jedoch auch normativ anwenden: um Inflationsraten zu senken, Produktion anzuregen oder eine Rezession zu beheben. Politikwissenschaftler möchten politisches Verhalten verstehen - zum Beispiel die Rolle der Macht in menschlichen Institutionen -, aber dies hat Auswirkungen auf die Politikwissenschaften; denn wir möchten etwas wissen, damit wir etwas tun können. Ähnliche Überlegungen treffen auf Naturwissenschaftler zu. Einiges an Laborforschung wird für technologische Anwendungen, die daraus resultieren können, betrieben. Durch schnellen wissenschaftlichen Fortschritt werden neue Industrien über Nacht geboren, um neue Entdeckungen konkreter Nutzung zuzuführen: biogenetische Forschung und Superleitfähigkeit, um nur zwei Trends zu erwähnen. Da dies der Fall ist, stellen sich innerhalb der Wissenschaft Fragen nach normativen Werten. Es existiert ein Geben und Nehmen zwischen theoretischen und praktischen Interessen. Gesellschaftliche Bedürfnisse und Interessen üben zu gegebener Zeit Einfluß auf theoretische Forschung nach speziellen Richtungen aus. Oft werden Gelder aus politischen Überlegungen ausgegeben. Einige wissenschaftliche Forschungsgebiete erlebten in Kriegszeiten einen starken Auftrieb. Für militärische Grundlagenforschung wird wegen ihrer Verwendbarkeit für neue Waffensysteme enorm viel Geld ausgegeben militärische Ausgaben wegen ihrer Verwendbarkeit für neue Waffensysteme gemacht. So wurde zum Beispiel der Fortschritt in der Nuklearphysik wegen der möglichen militärischen Nutzung der Atombombe beschleunigt. Verbunden mit reiner Forschung ist die Rolle der Erfindung. Wissenschaftliche Technologien finden laufend Anwendungen für neue Produkte. Theoretische Entdeckungen auf dem Gebiet des Elektromagnetismus führten zur Verwendung der Elektrizität für eine Vielzahl von unterschiedlichen Produkten. Entdeckungen in der theoretischen Kernforschung führten zur Atomkraftindustrie.

Daher werden laufend Fragen gestellt: In welchen Bereichen sollten wir forschen? Gibt es Dinge, die wir besser nicht wissen sollten? Einige Leute haben zum Beispiel Einschränkungen der genetischen Forschung gefordert, denn sie fürchten, daß wir eine Büchse der Pandora öffnen, deren Entdeckungen autoritäre Regime veranlassen könnten, sie zu benutzen; oder sie fürchten, daß wir die Genreserve unabsichtlich zerstören könnten. Wenn Klonen möglich wird, kann das zu positiven wie auch negativen Ergebnissen führen. Viele sind heute wegen der Forschung in der Strategic Defense Initiative, dem Krieg der Sterne, wie es einfach genannt wird, verängstigt. Derartige Forschung könnte gefährlich für die Zukunft der Menschheit auf diesem Planeten sein und durch einen Unfall einen nuklearen Winter heraufbeschwören. Es hat Appelle gegeben, die wissenschaftliche Forschung bezüglich des Intelligenzquotienten (IQ) und der Rasse zu begrenzen, weil Rassisten die Ergebnisse dazu benutzen könnten, einigen rassischen Minderheiten gleiche Rechte zu verweigern. Schließlich wissen wir, daß die Nazis einige Rassen als "überlegen" und andere als "minderwertig" bezeichneten. Einige Leute sind wegen des möglichen Mißbrauchs der Wissenschaften so verängstigt, daß der Wissenschaftler wie ein Frankenstein angesehen wird. Man hat das frühere Vertrauen darauf, daß die Forschung zum Fortschritt der Menschheit beitragen könnte, etwas zurückgeschraubt.

Es ist daher schwierig, rein wissenschaftliche Forschung unter dem Gesichtspunkt des späteren möglichen Gebrauchs oder Mißbrauchs des gewonnenen Wissens durchzuführen. Hier sind Wertfragen wesentlich für die wissenschaftliche Tätigkeit. Sollten wir uns in freier Forschung auf jedem Interessengebiet betätigen? Sollten wir das gewonnene Wissen immer anwenden? Fragen nach richtig und falsch, gut und böse werden sehr erheblich.

Praktisch jeder Fortschritt der Wissenschaft ist mit Zweifel und Furcht aufgenommen worden. In der Vergangenheit hat es fortlaufend Bemühungen gegeben, die freie wissenschaftliche Forschung zu durchkreuzen. Bürgerliche Liberale bestehen auf der anderen Seite darauf, daß wir die wissenschaftliche Forschung nicht unter Zensur stellen, sondern dem forschenden Verstand völlige Freiheit gewähren sollten. Menschen möchten ihr Wissen zu ihrem eigenen Nutzen und zu einem möglichen langfristigen Nutzen für die Menschheit, mehren. Das Recht auf Wissen ist das eine, die Anwendung dieses Wissens ist etwas ganz anderes. Wir haben ein Recht darauf, den Mißbrauch der Wissenschaft abzulehnen, besonders wenn es schädliche Folgen gibt. Das Verständnis für Wärme und die Verbrennung von Gas führten zur Erfindung des Gasofens. Gasöfen können zum Kochen und zur Wohnungsheizung benutzt werden, aber sie können auch zur Ermordung von Menschen eingesetzt werden, wie das während des Holocausts geschah. Freiheit der Forschung hat nicht die Freiheit der Anwendung zur Folge. Der dynamische Faktor im gesellschaftlichen Wandel der modernen Welt ist die Anwendung von wissenschaftlichen Methoden auf die Natur und die Gesellschaft. Wie sollen wir den Gebrauch der Wissenschaft bewerten? Was ist

das Verhältnis der Forschung zur Anwendung, des Wissens zum Handeln, der Wissenschaft zur Eupraxophie?
Die Wissenschaft hat unser Verständnis des Universums enorm erweitert. Sie hat das Unbekannte in Bekanntes verwandelt. Sie hat früher unverständliche Mysterien durch die Entdeckung der Ursachen natürlicher Phänomene entwirrt. Daher hat die Wissenschaft zu unserem Verständnis des Weltalls und unserem Platz darin beigetragen. Dies läuft auf einen direkten Konflikt mit religiösen Metaphern hinaus. Außerdem muß ein weites Spektrum kultureller Vorstellungen der Vergangenheit revidiert werden. Bedauerlicherweise finden viele unversöhnliche Gläubige diesen Aspekt der Wissenschaft noch bedrohlicher als ihre Auswirkung auf Technologie und Industrie. Denn es ist für antike Auffassungen über den Menschen als einer körperlosen Seele, die zur Unsterblichkeit fähig ist, und für ein Weltall, in dem die Göttlichkeit einen unergründlichen Plan ausarbeitet, beunruhigend.

Ist der Wissenschaftler in der Lage, Fragen bezüglich der Anwendung seiner Entdeckungen zu lösen? Bei der Technologie kann er auf eventuelle Folgen bei verschiedenen Möglichkeiten hinweisen. Er kann eine Kosten-Nutzen-Rechnung für verschiedene Handlungsweisen anstellen, und er kann alternative technische Mittel zur Zielerreichung zur Verfügung stellen. Ist aber der Wissenschaftler die Person mit der besten Qualifikation, um Entscheidungen darüber zu treffen, was und warum dieses oder jenes gemacht werden sollte? Kann er weise Werturteile treffen?

Unglücklicherweise ist wissenschaftliche Spezialisierung, so wesentlich sie auch für den Fortschritt ist, oft das Haupthindernis für die Interpretation und Bewertung bezüglich der Verwendung ihrer Ergebnisse. Das Problem ist, daß ein Forscher, der ein Spezialist auf einem bestimmten Gebiet ist, eventuell nicht in der Lage sein könnte, die Fragen zu beurteilen, die über sein Fachgebiet hinausgehen. Wissenschaftler sind Bürger wie jeder andere auch, und sie können nicht besser gerüstet sein als jeder andere, um Überlegungen in Moralfragen anzustellen. Denn ethische Weisheit setzt Fähigkeiten voraus, die er unter Umständen nicht hat. Wenn es dazu kommt, Fragen bezüglich der Auswirkung dieses Wissens auf andere Wissensgebiete zu beurteilen, sind die Probleme komplex, Wissenschaft ist jedoch in Teilbereiche aufgelöst.

Legt das nicht nahe, daß es ein Bedürfnis nach Entwicklung einer *eupraxophischen Geisteshaltung* gibt, die über wissenschaftliche Spezialisierung hinausgeht, eine, die die Ergebnisse der Wissenschaften interpretieren und bewerten kann und ihre Anwendungen kritisch beurteilt? Die Techniken, die bei der wissenschaftlichen Forschung angewandt werden, sind nicht unbedingt die gleichen, wie die in der ethischen Entscheidungsfindung. Zum Beispiel mag ein Mann oder eine Frau tief in die Grenzen der astronomischen Forschung verwickelt sein, jedoch Schwierigkeiten haben, eine vernünftige Entscheidung bezüglich seiner Familie, seines Privatlebens oder seiner oder ihrer Rolle an der Universität oder im öffentlichen Leben zu treffen.

Eupraxophie hat etwas mit richtigem Verhalten und Vernunft zu tun: wie wir die Ergebnisse der Wissenschaft anwenden sollen, nicht einfach nur damit, wie Natur arbeitet. Die Tatsache, daß wir etwas machen können, bedeutet nicht, daß wir es auch machen sollten. Man kann nicht einfach ein normatives Urteil aus der Beschreibung der Welt ableiten. Hier betreten wir den Bereich des persönlichen und des gesellschaftlichen Handelns; und hier haben alle Mitglieder der Gemeinschaft, besonders in demokratischen Gesellschaften, ihren Anteil an dem, was gemacht wird.

Kognitive wissenschaftliche Fragen bei Auswahlproblemen führen so zu praktischen Diskussionen. Konzernmanager, die keine Wissenschaftler sind, Politiker, die keine reinen Forscher sind, sind meistens diejenigen, die entscheiden, was produziert oder welche Handlungslinie eingeschlagen werden sollte - hoffentlich nachdem wissenschaftliche Fachleute zu Rate gezogen wurden bezüglich der Folgen und Kosten alternativer Möglichkeiten.

Einige Leute haben die Entwicklung der Wissenschaft von der Entscheidungsfindung vorangetrieben - Entscheidungsfindungstheorie, sogar Politik- und Wirtschaftswissenschaften -, um zu helfen, vernünftige Entscheidungen zu fällen. Unzweifelhaft können diese Bereiche uns enorm nützliche Hilfsmittel an die Hand geben, um effektive Entscheidungen zu ermöglichen. Wir haben aber immer noch das Problem, wie man Detailwissen aus Fachbereichen integrieren kann.

Eine andere ernsthafte Herausforderung ist die Interpretation der verschiedenen Wissenschaften und wie sie in eine kosmische Perspektive eingebaut werden. Wie bringen wir die einzelnen Wissenschaften in einen größeren Rahmen? Ist es möglich, ein unfassenderes Bild von der Menschheit, der Gesellschaft, dem Leben oder der Natur, eine Synthese der Wissenschaften, zu entwickeln? Heldenhafte Menschen in der Geistesgeschichte haben versucht, die Wissenschaften ihrer Tage zu einen. Sir Isaac Newtons meisterliches Werk schien die Naturwissenschaften mit der Physik in einem entscheidenden Augenblick zu vereinen. Ignaz Semmelweis' Theorie der Krankheitskeime gab der medizinischen Forschung ein kraftvolles Hilfsmittel an die Hand. Marx bot eine umfassende Theorie der Geschichtsentwicklung, Arnold Toynbee eine historische Rechenschaft über den Aufstieg und den Verfall von Zivilisationen, und Freud eine umfassende psychoanalytische Theorie über menschliche Motive. Sind alle diese Theorien im Bereich der Wissenschaft, oder sind einige von ihnen völlig unwiderlegbar?

Die Notwendigkeit, Theorien zu integrieren, um die ungleichen und oft fragmentarischen Elemente unseres Wissens zu verbinden, ist klar. Gegenwärtig ist die Geschwindigkeit des wissenschaftlichen Fortschritts so groß, daß es scheint, daß dies ein einzelner nicht leisten kann. Ein Chemiker kann ein Fachmann auf seinem Gebiet sein, trotzdem kann er ein gläubiger Christ sein; ein Computer-Wissenschaftler kann sich nach seiner Arbeit in transzendentale Meditation versenken; ein Mathematiker könnte ein Mystiker sein.

Es ist nicht unvorstellbar - ja tatsächlich wahrscheinlich -, daß die Wissenschaften zu guter Letzt ihre eigenen integrierten Theorien entwickeln werden. Was wäre angemessener, als überprüfbare wissenschaftliche Theorien zu haben, um die Prinzipien der politischen und wirtschaftlichen Theorien oder die Gesetze der Biologie und der Psychologie mit Physik und Chemie zu vereinen? Es ist wichtig, daß wir versuchen, integrierende Prinzipien zu finden, und es ist bedauerlich, daß die meisten Wissenschaftler zögern, sich auf eine kosmische Perspektive einzulassen. Da derartige Spekulationen nicht in ihrem Fachbereich liegen, setzen sie sich dem Risiko aus, Dilettanten oder Progagandisten genannt zu werden.

Die Rolle der Philosophie

Historisch gesehen ist es die Rolle der Philosophie gewesen, die allgemeinen Interpretationen des Universums zu unterstützen. Die Vorsokratiker versuchten, die dem Universum zugrunde liegenden Prinzipien aufzudecken. Platon postulierte die Lehre der Ideen. Aristoteles entwickelte

Konzepte und Kategorien, die halfen, die Wissenschaften seiner Tage auszulegen und zu vereinen. Die klassischen Philosophen haben sich an systematische metaphysische Theorien gewagt: unter anderem Thomas von Aquin, Spinoza, Descartes, Leibniz, Hegel und Whitehead. Die Philosophie hat versucht, daraus eine *Weltanschauung* zu entwickeln, einen allgemeinen Ausblick auf die Wirklichkeit. Wie wir gesehen haben, ist diese Aufgabe äußerst schwierig wegen der riesigen Komplexität und der sich beschleunigenden Größe des Umfangs an Wissen. Philosophen zögern heute im allgemeinen, so viele Teile eines Puzzles zusammenzusetzen, und sie sehen Philosophie als nur eine Fachrichtung unter anderen an. Sie scheuen weitergehende Fragen, wie die nach dem Sinn des Lebens oder der Natur des Kosmos. Philosophie ist heute im Gegensatz zur Wissenschaft überwiegend eine *intellektuelle* Angelegenheit. Der Philosoph befaßt sich mit Wissen auf einem Meta-Niveau. Die Hauptaufgabe der analytischen Philosophie ist es, Klarheit zu schaffen, Zweideutigkeiten auszuschalten, eine klare Bedeutung zu erlangen, Bedingungen und Konzepte zu definieren, Licht in nicht offensichtliche Voraussetzungen zu bringen und zu analysieren, ob sie innerlich konsistent oder widersprüchlich sind. Philosophie schärft daher unsere Werkzeuge; sie befaßt sich mit Fragen der Grundlagen. Sie beschäftigt sich nicht mit empirischer Forschung. Auch versucht sie nicht, philosophisches Wissen gegen Wissen, das auf irgendeinem wissenschaftlichen Gebiet erzielt wurde, auszutauschen. Kritische Philosophie ist mit der Bewertung der Konzepte anderer auf getrennten Wissensgebieten beschäftigt: den Wissenschaften, Religion, den Künsten, Geschichte, Politik, Ethik. Dadurch glauben die Philosophen, den Forschern in ihrem Kampf um Wissen am besten helfen zu können.

William James bemerkte, daß die Philosophie in ihren ersten Stadien versuchte, das ganze Wissen zu umfassen. Mit der Entwicklung neuer intellektueller Bereiche verselbständigten sich diese. So wurde aus Naturphilosophie im 17. und 18. Jahrhundert Naturwissenschaft. Im 19. Jahrhundert entwickelten sich Chemie und Biologie als selbständige Forschungsbereiche. Die Sozialwissenschaften, ursprünglich Teil der Sozialphilosophie, wurden eigenständige Disziplinen. Im späten 19. Jahrhundert wurde die Philosophie des Geistes in Psychologie und Neurobiologie umgewandelt; im 20. Jahrhundert wurde Logik ein integraler Bestandteil der Computerwissenschaft. Es ist so, als ob die Philosophie etwas vorschlägt und die Wissenschaft es einrichtet; durch Auseinanderbrechen in definierte Bereiche wissenschaftlicher Spezialisierung erscheinen ehemals empirische Lösungen verfügbar. Was der Philosphie übrigbleibt, ist ein "Bodensatz von nicht beantworteten Fragen". Viele dieser ewigen Fragen sind niemals zur vollen Zufriedenheit gelöst worden: Wie sieht die endgültige Realität wirklich aus? Gibt es einen freien Willen? Ist der Mensch determiniert? Gibt es Gott? Ist die Seele unsterblich? Was ist Wahrheit, Schönheit, Gerechtigkeit? Können wir sagen, was gut ist? Und dann gibt es neue Fragen, die in den Topf der ungelösten Fragen aller Epochen geworfen werden, Fragen, die durch schnelle Entwicklung der Wissenschaften mit anfielen. Und deshalb fragen wir heute: Gibt es intelligentes Leben im Universum? Wenn ja, was bedeutet das für die menschliche Spezies? Gibt es Präkognition (Vorausahnung zukünftiger Vorgänge, Anm. d. Übers.)? Wie würde sie unsere Vorstellung von der Zeit verändern? Was sagt uns die Neurobiologie über das Verhältnis von Verstand zu Gehirnfunktionen? Was für eine Bedeutung hat die Soziobiologie für unser Moralverständnis? Gibt es moralische Selbstlosigkeit bei anderen Arten?

Indem die Philosophie sich mit solchen Fragen befaßt, versucht sie Bedeutungen zu klären, Auswirkungen zu untersuchen, Widersprüche aufzudecken. Man kann sagen, daß sie den konzeptionellen Rahmen der anderen aufräumt.

Nun, dies ist sicherlich eine wichtige Rolle. In jeder Universität kann ein philosophischer Lehrstuhl eine wichtige Aufgabe haben, und Studenten können intellektuell angeregt werden, indem sie große philosophische Werke lesen. Aber - und dies ist ein großes Aber - was ist mit der ursprünglichen Suche nach *Sophie*? Kann uns Philosophie Weisheit geben, das heißt, irgendeine Art allgemein-theoretischen Verständnisses des Universums und unseres Platzes darin? Historisch gesehen und beinahe schon per Definition befaßt sich Philosophie mit Allgemeinheiten. Ist der Philosoph noch der Weise für einen kosmischen Ausblick? Ist er sich der Geschichte des Denkens und der Kultur bewußt und trotzdem noch mit den Grenzen der Forschung im Einklang? Ist es das Schicksal des Philosophen, in der Nachhut zu sein, und die konzeptionellen Trümmer von vergangenen wissenschaftlichen Durchbrüchen wegzuräumen? Ist die Philosophie jemals an vorderster Front, und geht sie über das Bestehende hinweg, um zu helfen, einen Abglanz von erregenden neuen Möglichkeiten zu bekommen? Die Zukunft der Menschheit hängt zum Teil von unserer kreativen Kühnheit ab, ob wir es wagen, von neuen Ideen zu träumen und diese Visionen mit Leben zu erfüllen. Kann uns die Philosophie bei der abenteuerlichen, innovativen Reise ins Unbekannte helfen? Oder ist Philosophie einfach nur dazu verurteilt, nachdem wissenschaftliche Forscher, die schon vorgeprescht sind, und sich in weit entfernten, noch nicht kartographierten Bereichen befinden, aufzuräumen? Vielleicht ist der Science-Fiction-Schriftsteller der echte philosophische Vorbote der Zukunft - der über das Mögliche spekuliert, das zu irgendeinem späteren Zeitpunkt wahr werden könnte. Leider kann die Philosophie dieses nicht gut leisten, und daher müssen wir uns weiter in den Bereich der Eupraxophie bewegen.

Die Rolle der Eupraxophie

Philosophie beinhaltet notwendigerweise die Liebe zur Weisheit, und Weisheit kann viel bedeuten. Sie beinhaltet einiges Verständnis von Bekanntem und eine gewisse Fähigkeit, dieses Wissen zu übersetzen oder in Beziehung zu setzen zu einem sinnvollen Ganzen und so die *Sophie* zu erlangen. Der Weise kann das Bekannte zusammenfassen und dies zu einem stimmigen Bild formen. Dies ist der Allgemeinphilosoph, der sich mit einem größeren Bild befaßt, und der Philosoph kann einen wertvollen Dienst leisten - wenn er nur diese Leistung heute erbringt, wie er es in der Vergangenheit gemacht hat. Trotzdem, er befaßt sich immer noch hauptsächlich mit der Liebe zur Weisheit, und diese ist überwiegend eine intellektuelle Angelegenheit. Ideen sind lebenswichtig für das geistige Leben, und Intellektualität gehört zu den höchsten Werten, die wir erlangen können.

Aber der Mensch ist nicht einfach nur ein passiver Zuschauer, der die majestätische Anordnung der Dinge kontemplativ betrachtet. Er ist ein Handelnder auf der Bühne des Lebens, er ist nicht nur ein Wissender, sondern auch ein Schaffender. Der Kern der Frage betrifft nicht die Liebe zur Weisheit, sondern die *Praxis* der Weisheit (*Eupraxie*). Sie ist der Unterschied zwischen der Haltung des Gelehrten und der des Praktikers, des passiven Zuschauers und des aktiven Teilnehmers. Daher fragen wir, wie bringt man Weisheit im gelebten Leben zur Anwendung? Wie bewähren wir uns im Durcheinander? Wie wenden wir wirklich unser Wissen im Leben an? Hier kommen wir direkt zu *Eupraxophie.*

Die Griechen hatten das Ideal der kontemplativen Weisheit: die Aufgabe des Metaphysikers war es, die Wirklichkeit auf eine abstrakte Art zu verstehen und die Natur verständlich zu machen. Wissen war allein des Wissens wegen wertvoll, um es innerlich zu genießen. Der Mensch war ein neugieriger Kauz; er hatte große Freude daran, etwas über die Vergangenheit zu erfahren, neue Fakten zu entdecken, Rätsel zu lösen. Das ist alles in Ordnung. Wissen hat jedoch auch eine *Wirkfunktion,* wie uns Francis Bacon lehrte. Wissen ist Macht. Wir möchten wissen, damit wir etwas schaffen können. Wissen ist ein Handlungsmittel. Es ist nicht nur ein innerer Satz von Ideen im Gedächtnis; es ergießt sich in bestimmten Verhaltensweisen in die wirkliche Welt. Wissen ist nicht in die Gehirnzellen eines isolierten einzelnen eingeschlossen, sondern wird im kulturellen Maßstab durch Sprache ausgedrückt. Sie beinhalten Transaktionen, nicht nur zwischen Individuen und Natur, sondern auch zwischen Kultur und Natur.

Die griechischen Philosophen waren an praktischer Weisheit interessiert, besonders in der Ethik und Politik. Dies involviert die Kunst des rechten Lebens im Lichte der Vernunft und das richtige Regieren von Staaten und Gesellschaften. Das ist normative Weisheit, nicht nur kontemplative, sondern moralische Weisheit. Sie fängt an mit klärenden Fragen über die Bedeutung von *gut, schlecht, richtig, falsch, Gerechtigkeit* und *Ungerechtigkeit* auf einem Meta-Niveau; aber dann fährt sie fort, wahrscheinlich einzuschlagende Wege zu empfehlen. Aristoteles bot Rezepte an, die ein Mensch mit praktischer Weisheit befolgen sollte, wenn er glücklich werden wollte. Später während der Römerzeit stellten philosophische Schulen wie der Epikureismus, Stoizismus und Skeptizismus Anleitungen für das Leben zur Verfügung und dafür, wie man seine Ruhe finden kann. Sie waren mehr oder weniger naturalistische Bemühungen, das Leben hier und jetzt zu verbessern.

Die Tatsache, daß diese helenistisch-römischen Schulen ethischer Weisheit durch die Christenheit gestürzt wurden, ist eine der größten Tragödien in der Geschichte der Menschheit. Die Zivilisation der Heiden wurde durch eine neue Mysterien-Religion des Ostens erobert, naturalistische ethische Philosophie war praktisch durch ein spirituelles Suchen, das aus biblischen Quellen kam, zerstört. Obwohl beeindruckende Bemühungen durch Theologen wie Augustinus und Thomas von Aquin gemacht wurden, um die Philosophie zu benutzen, war das Bild, das sie entwarfen, das eines göttlichen Universums, in dem es die höchste Pflicht des Menschen war, Gott zu kennen und zu lieben. Religion und Philosophie hatten die Philosophie erobert. Ein Grund für die Niederlage war die Tatsache, daß das Christentum - und später der Islam - einen in sich geschlossenen Glauben und die Ausübung desselben angeboten hatten, während Philosphie nur Unentschiedenheit und Zweifel zu geben schien. Es hat die westliche Kultur eine lange Zeit in Anspruch genommen, sich aus der Strangulierung aufeinanderfolgender Wellen christlich-islamischen Eifers geistig zu befreien. Erst während der Renaissance konnte eine neue humanistische Moral unabhängig von der Religion entstehen. Der Humanismus dieser Epoche war durch die Wiederentdeckung der Klassiker inspiriert. Er versuchte, das Leben zu säkularisieren und die Version der Wirklichkeit durch eine humanistische anstelle einer geistigen zu ersetzen. Seitdem ist die Wissenschaft von einer unterdrückenden, autoritären Kirche befreit worden, und sie versetzt den modernen Menschen in die Lage, das Buch der Natur direkt zu untersuchen - ohne Nutzen für den Klerus.

Kehren wir zu unserer ursprünglichen Frage zurück. Können wir *Sophie*, Weisheit, im täglichen Leben, wo die Wahl durch den einzelnen und die Gesellschaft, auf der Grundlage rationaler Untersuchung *und* Weisheit, in einem Sinne, der nicht durch die klassische Philosophie betont wird, entwickeln? Weisheit, wie sie sich auf das tägliche Leben (Eupraxophie) bezieht, das heißt, theoretische Weisheit, die nicht nur intellektuell ist, *sondern in die Praxis umgesetzt wird?* Kurz gesagt, können wir eine kosmische Weltsicht *(Sophie)* entwickeln, die uns befähigt, auf dieser Welt weise *(Eupraxie)* zu leben?

Beim Umgang mit dieser Aufgabe müssen wir bauen auf (1) die Methoden der wissenschaftlichen Forschung, die uns in die Lage versetzt, die Natur zu verstehen; (2) philosophische Analysen zum Interpretieren und Integrieren wissenschaftlicher Erkenntnisse; und (3) ethische Philosophie zur Entwicklung ethischer Prinzipien und Werte auf einer Basis, auf der wir leben können. Wir müssen diese Stränge zu einer *Lebensphilosophie* zusammenführen - und noch darüber hinaus in eine *Lebenshaltung,* nämlich eine *Eupraxophie.* Wissenschaft, Philosophie und Ethik können alle zu dieser Vereinigung beitragen, aber Eupraxophie beinhaltet ein anderes Element, nämlich einen *Lebensentwurf*. Sie gibt uns sowohl einen kosmischen Ausblick als auch einen Blickpunkt oder eine Richtung in unserer Lebenswelt. In diesem Sinne ist Eupraxophie kein passives Wissen, sondern die aktive Anwendung davon. Entsprechend kann Eupraxophie mit Religion in Wettbewerb treten auf eine Art, wie Wissenschaftler für Wissenschaftler oder Philosophen für Philosophen das nicht können. Kann der Philosoph mit dem Theologen um die Seelen von Männern und Frauen ringen? Kann er als Philosoph versuchen, wahre Gläubige wieder zu konvertieren und sie davon überzeugen, daß ihre Vorstellungen von der Wirklichkeit falsch sind? Kann der Philosoph mit den fundamentalistischen Christen, Zeugen Jehovas, Mormonen, ergebenen Katholiken, Orthodoxen, Juden, Muslimen, überzeugten Buddhisten oder Hindus debattieren? Kann der Philosoph zeigen, wie und warum er skeptisch ist, und kann er eine positive Alternative anbieten?

Immer wieder sagen meine Philosophie-Kollegen nein, das ist nicht ihre Aufgabe, sich auf den Marktzplatz der Ideen zu begeben. Daher werden sie nicht über Theologen, Marxisten, Konservative, Liberale, Radikale oder Reaktionäre diskutieren. Aber wenn sie es nicht tun, wer macht es denn dann? Ist es die Rolle der Philosophen, in ihren Elfenbeintürmen zu bleiben, abgeschieden von der Welt, Ideen zu analysieren und miteinander zu debattieren, aber niemals zu versuchen, die Öffentlichkeit zu überzeugen? Es hat Ausnahmen von dieser Ansicht über die Aufgabe der Philosophie gegeben: Marx und Dewey glaubten, daß die Philosophie eine bestimmte Aufgabe in der Zivilisation zu spielen habe, daß sie helfen könnte, blinde Voreingenommenheit und Angewohnheit mittels rationaler Kritik umzuwandeln. Nietzsche war ein Orakel, das das Christentum und den Sozialismus verhöhnte und heldenhafte Tugenden verteidigte. Genauso haben es Jean-Paul Sartre, Sidney Hook und Bertrand Russell gemacht. Sartre hat nicht nur eine phenomenologische Existentialtheorie über den Zustand des Menschen aufgestellt, sondern er begab sich später auch in die öffentliche politische Arena. Sidney Hook versuchte laufend, pragmatische Intelligenz zu benutzen, um ideologische, religiöse und gesellschaftliche Ansichten zu kritisieren, und er ist offen dafür gewesen, seine Ansichten in der Arena der Ideen und Aktionen bekannt zu machen. Er rechtfertigt seine Vorstellungen philosophisch, wie es Dewey getan hat: Philosophen haben in der Gesellschaft eine Rolle zu spielen, und es können objektive Urteile über normative Angelegenheiten abgegeben werden. Bertrand Russell verband zwei Qualitäten: Er war ein skeptischer Philosoph, dessen Beiträge zur Logik, der Erkenntnistheorie und Epistemologie sehr wichtig waren; trotzdem hatte er seine festen Überzeugungen, nach denen er lebte und handelte. Pardoxerweise glaubte Russell, daß Ethik nicht für rationale oder wissenschaftliche Beweisführung geeignet sei, sondern emotionale Gefühle ausdrückte, denn ihm war die skeptische Kritik der Emotionalisten bekannt. Dessen ungeachtet war er ein strammer Pazifist, der, weil er das Gesetz übertreten hatte, eingesperrt wurde. Er war auch während seines ganzen Lebens ein resoluter Verteidiger sexueller Freiheit, und wurde vom City College von New York wegen seiner Ansichten entlassen. Wie können wir Russell, den Philosophen, mit Russell, dem Aktivisten, in Einklang bringen? Er war, muß ich sagen, nicht nur ein Philosoph, sondern auch ein *Eupraxoph* in seinen öffentlichen Erklärungen.

Im großen und ganzen hat die Eupraxophie nicht in der Hauptströmung des philosophischen Lebens vorgeherrscht, weil Philosophen sich hauptsächlich mit *Denken* beschäftigen. Zu versuchen zu überzeugen, heißt im Gegenteil dazu, sich für "überzeugende Definition" zu engagieren, vielleicht, sich in den Bereich der Rhetorik anstele der Philosphie zu begeben. Früher wurde Eupraxophie noch nicht erklärt und auch ihre Daseinsberechtigung nicht deutlich gemacht.

Wenn der Philosoph als Freund des Philosophen die Philosophie nicht als eine Art zu leben ansehen will, wird der Eupraxoph dies ausdrücklich tun. Denn der Eupraxoph ist nicht ausschließlich mit der Suche nach der Wahrheit in der Welt der Ideen beschäftigt, so wichtig dies auch für sein Leben ist, sondern mit dem Leben. Um zu leben, braucht er *Überzeugungen*, nach denen er handeln kann, und *Verpflichtungen*, für die er seine Energien einsetzen kann. Der Philosoph kann Einwände gegen jede Theorie machen - er sieht alle Seiten einer Frage und kann sich sehr oft in seiner Vorstellung für keine entscheiden. Philosophie kommt so niemals über ein intellektuelles Suchen hinaus. In diesem Sinne ist es ihre Aufgabe, Fragen zu stellen, wenn auch manchmal zur falschen Zeit am falschen Ort. Sokrates war in dieser Beziehung wie eine Stechfliege, und so wurde er von den Athenern dafür zum Tode verurteilt, daß er beunruhigende Fragen stellte. Der philosophische Geist befaßt sich mit Fragen, er gibt keine Antworten. Denn sogar wenn Lösungen vorgeschlagen werden, sieht der Philosoph die damit verbundenen Schwierigkeiten und die möglichen Gegenargumente. Wie kann sich der Philosoph als Freund des Philosophen am Durcheinander beteiligen? Straft er nicht sein Handwerk als analytischer Philosoph Lügen? Das Leben der Philosophen ist gefährlich, denn wenn sie sich außerhalb ihres Metiers bewegen, können sie beschuldigt werden, Ideen in Doktrinen umzuwandeln, Glauben in Dogmen, und ihren wahren Auftrag zu verraten.

Religion und Ideologie

Aber wenn sich Philosophen davor fürchten, sich in unbekannten Gewässern zu tummeln, tun es andere ungestraft, besonders Religionsvertreter und Ideologen. Beschäftigen wir uns mit dem anderen Ende der menschlichen Wissensskala, mit Religion, wo der überhöhte Glaube die größte Tugend ist. Wenn wir Glauben in seinem strengsten Sinn betrachten, bedeutet er die Bereitwilligkeit, etwas als wahr oder wirklich zu akzeptieren, was nicht durch Augenscheinlichkeit oder durch Beweise erhärtet ist. Einige Theologen haben den Glaubenszustand überhöht: "Es ist die Tür zu ungesehenen Dingen, die erst geöffnet werden muß, damit man versteht", erklärt Augustinus. "Ich glaube, weil es absurd ist", versicherten Tertullian und Kierkegaard. Glaube wird in der Christenheit als die beredteste Bestätigung des Gläubigen angesehen, trotz offensichtlicher Widersprüche. Obgleich der wahre Gläubige so einen Glauben als moralisch wertvoll ansehen mag, trauert der Skeptiker wegen des Betruges an den Normen der Logik und Beweisführung und wegen der damit verbundenen Selbsttäuschung. Zugegebenermaßen gibt es viele Religionsanhänger, die Beweise benutzen und in gewisser Weise rational sein möchten. Die moderne Bibelwissenschaft hat die Bibel entmythologisiert, und was für einige Gläubige übrig bleibt, ist eine metaphorische Sicht Gottes. Es gibt jedoch langsam abnehmende Formen der Religiosität, die fortdauern, und eine gewollte Verpflichtung gegenüber Doktrinen beinhalten, *trotz der Offensichtlichkeit des Gegenteils*.

Eine solche Religiosität verwirft alle Normen objektiver Wissenschaft und Philosophie. Leidenschaft beherrscht kritische Intelligenz. Ist nicht ein Grund für diesen bedauerlichen Zustand, daß Wissenschaftler und Philosophen nicht willig oder nicht fähig sind, auf Fragen zu reagieren oder zu antworten, die nach Sinn hungern? Hat das Universum einen

Sinn? Was ist der Sinn des Lebens? Derartige Fragen werden selten von dem vorsichtigen Intellektuellen beantwortet, der sich nicht darauf einlassen wird, sich mit den Einwänden gewöhnlicher Leute zu befassen. Aber wenn der Wissenschaftler und der Philosoph auf diese Fragen nicht reagieren werden, der Eupraxoph wird es. Er hat eine Rolle zu spielen: denn er kritisiert bewußt die pretentiösen Narreteien der wahren Gläubigen; er entlarvt unüberprüfte Geschichten; er bietet konstruktive Alternativen an.

In der Öffentlichkeit ringen Ideologie und Politik um die Seelen von Männern und Frauen, besonders die Politik, denn viele haben den religiösen Glauben durch ein neues soziales Dogma ersetzt, und manchmal sind sogar skeptische Hirne von einer ideologisch-politischen Haltung mit Macht ergriffen. Ein gutes Beispiel hierfür ist natürlich der gläubige Marxist, für den die Ideologie zu einer sakralen Angelegenheit wird. Mit dem Zusammenbruch des religiösen Glaubens füllen neue messianische Ideale die Lücke. Für viele liberale Reformatoren ist die Hauptanregung für ihre politischen Ansichten ihre Anklage der sozialen Ordnung und der Wunsch, sie in eine gerechtere umzuwandeln. Konservative sind genauso fest entschlossen, die bestehende Gesellschaft gegen ihre Verleumder zu verteidigen, die sie als unmoralisch betrachten. Im Widerstreit liegen entgegengesetzte moralische Prinzipien, die von beiden Seiten mit großer Leidenschaft hochgehalten werden, die Partei der Stabilität gegen die Reformpartei. Heftige Verfechter der Freiheit werden jeglichen Freiheitsverfall als eine Bedrohung aller moralischen Randbedingungen ansehen. Einige werden die Gleichheit und andere Frieden, Gesetz und Ordnung verteidigen. Eine gute Illustration dafür ist die Abtreibungsdebatte, wo die vermeintlichen Rechte des Fötus gegen die Entscheidungsfreiheit der Frauen gehalten werden.

Politische und moralische Leidenschaften können genauso stark wie religiöser Glauben sein. Aber oft wird an ihnen wegen der Klasse, der Rasse oder der ethnischen Abstammung festgehalten. Hier bestehen nicht untersuchte Angewohnheiten oder Vorstellungen und Verhaltensweisen weiter. Man kann für eine royalistische Regierungsform aufgrund seiner Abstammung und Erziehung eintreten; ein anderer mag auf die Barrikaden gehen, weil er sich mit den Massen identifiziert. Es gibt unabhängige Intellektuelle, die von politischer Ideologie angezogen werden, sie können sogar "wiedergeborene" Sozialisten oder Liberale sein. Sie können ihren Vorstellungen so fest verpflichtet sein wie die, die sie aus reiner Angewohnheit oder Voreingenommenheit vertreten.

Solche politischen und ideologischen Glaubensrichtungen können nicht überwiegend auf *kognitiven* Zuständen beruhen; sie sind durch Gefühle und Emotionen entbrannt. Wenn erst einmal ein grundsätzliches Glaubenssystem etabliert ist, könnte es schwierig sein, es durch Argumentation oder Überzeugung zu verändern. Immer können rationale Erklärungen für Fehler abgegeben werden, die *unsere* Parteikandidaten gemacht haben. Im Gegenzug werden die von der anderen Seite begangenen Fehler als ungeheuerliche moralische Defekte angesehen.

Ein amerikanischer Parteitag beweist lebhaft die machtvollen emotionalen Kräfte, die im Spiel sind. Diese sind Stalins Paraden auf dem Roten Platz zum Maifeiertag oder Hitlers fein inszenierten Massenaufgeboten in Nürnberg nicht unähnlich, wo die Menge bei den Fackelzügen und durch die charismatischen Sprecher in einen Begeisterungstaumel versetzt wurde. Ein amerikanischer Präsidentschaftskandidat könnte ähnlich starke Gefühle auslösen. Es gibt erregten Jubel für ihn in den mit Flaggen geschmückten Hallen. Vaterlandsliebe ist das Grundthema. Für viele hat ihr Kandidat zweifelsfrei die *beste* Politik für die Zukunft. Der Oppositionskandidat wird mürrisch empfangen und ausgebuht. Derartige politische Possenspiele sind wie Footballspiele, wo zwei Mannschaften sich gegenüberstehen, und wo eine hocherregte Menge die eigene Mannschaft anfeuert und die Gegner verhöhnt. Auf beiden Seiten sitzen die begeisterten Anhänger und deren Cheerleader; die Sportsfreunde sind die heldenhaften Verteidiger der Heimmannschaft.

Es ist eine Sache, seinen Gefühlen in einem überfüllten Sportstadion Luft zu machen, wo die Gefühle regieren und guter, sauberer Spaß zum Ausdruck kommt; in der politischen Arena ist das etwas ganz anderes. Am entferntesten Ende der Skala gibt es ideologische Glaubenssysteme, die auf blindem Glauben an Parteiprogramme und Kandidaten basieren, und die gegenüber abweichenden Meinungen intolerant sind. Natürlich verdient solche politische Naivität Kritik. Die Unterstützung von Politik, Programmen oder Kandidaten politischer Parteien sollte durch irgendeine Art reflektiver Hinterfragung gereinigt werden. Man sollte erkennen, daß jeder Fehler macht, daß Politik verändert werden muß, und daß Gesetze eventuell im Licht empirischer Schlußfolgerungen aufgehoben werden müssen. Kein Kandidat ist vollkommen, keine Partei hat ein

Monopol auf Weisheit und Tugend. Blinde Gefolgschaft ist kein Ersatz für intelligente politische Weisheit. Ich wünschte, daß wir politische Programme durch ein Studium der Fakten, eine vergleichende Analyse von Alternativen und die Überprüfung ihrer Folgen in der Praxis auf den Boden der Tatsachen bringen könnten. Wenn irgendein Bereich des menschlichen Strebens eine starke Dosis Skeptizismus nötig hat, dann ist das die Politik; jedoch wird einem Kandidaten gesagt, daß so eine Haltung keine Wähler bringt oder freiwillige Unterstützung mobilisiert, und daß es ein langweiliger Wahlkampf ohne Schwung und Glanz sein würde. Haben Menschen jedoch wilde, einfache emotionelle Appelle nötig, um sich an einem demokratischen Prozeß zu beteiligen? Diese Probleme sind durch das Anpreisen der Kandidaten im Fernsehen nur noch verschlimmert worden.

Ähnliche Betrachtungen treffen auf den wirtschaftlichen Bereich zu. Das ideale ökonomische Modell ist eines, in dem Produzenten und Verbraucher aufgrund von Kosten/Preis-Erwägungen eine intelligente Auswahl treffen, indem sie immer Eigeninteresse und Gewinn berechnen. Der rational denkende Kunde macht heute keine Ausgaben, um für morgen zu sparen. Er investiert sein Geld in produktive Dinge, die Gewinn bringen. Nach diesem Modell ist die Produktauswahl des Konsumenten ein Vorgang, der sich aus Kosten, Bedarf und Qualität ergibt.

Leider sind die Fakten der Einkaufsgewohnheiten so gelagert, daß Entscheidungen nicht nur auf erkenntnismäßigen Betrachtungen basieren, sondern auch auf Geschmack, Fantasie und Laune. Es gibt ein Ungleichgewicht zwischen Bedürfnissen und Wünschen, zwischen rationalen Interessen und erlebtem Verlangen; und die leidenschaftlichen Gefühle eines Menschen werden in seine erkenntnismäßige Werteinschätzung einbrechen. Werbeleute haben herausgefunden, daß es unbewußte und emotionelle Wirkungen gibt, die das Produkt besser verkaufen helfen als Betrachtungen bezüglich Preis und Qualität. Ökonomischer Wert ist daher eine Funktion von Bedarf-Mangel, Erkenntnis-Gefühl. Nicht nur ein intellektueller Glaubenszustand ist darin involviert, sondern auch verhaltensmäßige Motivation, der sogenannte Subjektivitätsfaktor, der Leute anregt, etwas herzustellen oder zu verbrauchen. Bei der Entscheidung, etwas zu kaufen - sagen wir ein Haus oder ein Auto -, kann man die objektiven Eigenschaften des Gegenstandes herausstellen. Man kann alternative Produkte vergleichen. Werbefachleute sagen jedoch, daß, wenn ein Konsument nicht von Herzen überzeugt ist - es sei denn, das Haus oder das Auto gefiele ihm wirklich - er es wahrscheinlich nicht kaufen wird. Treffen nicht auch ähnliche Betrachtungen zu, wenn man sich verliebt? Wenn sich ein Mann in eine Frau verliebt, gibt es zweifelsfrei objektive Eigenschaften, die sie besitzt. Er findet sie schön; sie kann einen annehmbaren Charakter haben; sie können ähnliche Werte teilen. Auf der anderen Seite kann die Frau eine perfekte Partnerin nach Computer-Auswahlkriterien sein, jedoch könnte Liebe fehlen, weil die *Anziehungskraft* fehlt.

Anziehungskraft

Wir müssen ähnliche Fragen hinsichtlich fundamentaler Glaubensrichtungen aufwerfen, besonders bezüglich Eupraxophie. Dies ist die mißliche Lage, vor der wir stehen. Ist es für diejenigen, die sich dem Gebrauch kritischer Intelligenz und wissenschaftlicher Forschungsmethoden verschrieben haben, möglich, *genügend Überzeugung zu entfachen und genug Engagement zu erzeugen,* so daß die Eupraxophie mit den Verheißungen von Religion und Ideologie in Wettbewerb treten kann?

Wir haben die beiden Extreme gesehen. Auf der einen Seite achtloser Glaube und wahnsinniges Dogma, ob in Religion oder Politik; auf der anderen Seite Neutralität und Skeptizismus, der kognitive Geisteszustand, bei dem ein Mensch keine festen Vorstellungen oder Werte hat, sondern eine rein reflektive Haltung annimmt. Diese Haltung ist ein höchst empfehlenswerter Ansatz, aber er kann nicht zu Überzeugungen anregen, und er könnte nicht in der Lage sein, wirksam mit kraftvollen, antirationalen Glaubenssystemen, die alles versprechen, in Wettbewerb zu treten.

Sicherlich gibt es einen mittleren Weg; sicherlich können wir Überzeugungen anhand der besten verfügbaren Beweise entwickeln, Vorstellungen, für die wir Gründe angeben können und die trotzdem genug Kraft haben, leidenschaftliches Engagement zu erzeugen. Hiermit meine ich, daß das, was zunächst als reine Hypothese angenommen wurde, in eine intelligente Überzeugung umgesetzt werden kann. Dies, muß ich sagen, ist die klare Rolle der Eupraxophie; das heißt, sie gibt einen kosmischen Ausblick und einen Lebensentwurf, sie entwickelt jedoch auch Überzeugungen. Sie appelliert sowohl an unseren Intellekt als auch an unsere Gefühle, und sie veranlaßt uns zu handeln. Der Eupraxoph verrät nicht seine Objektivität, wenn er sich so verhält, denn leidenschaftliche Überzeugungen sind für das Leben wichtig wie das tägliche Brot. Überzeugungen für das, was wir als Menschen sind, können nicht als etwas Fremdes geleugnet werden. Obwohl Philosophen sie als reine "überzeugende Definitionen" abtun könnten, setzt das Leben selber voraus, daß wir einige tiefe Überzeugungen haben. Um Überzeugungen zu haben, müssen wir unsere Vorstellungen mit unseren Haltungen zusammenschweißen, unsere Erkenntnisse mit unseren Gefühlen, unsere Gedanken mit unseren Handlungen. Ich benutze *Überzeugung* hier, um mich auf Grundhypothesen oder Vorstellungen, die für uns grundlegende Bezugspunkte sind, zu beziehen, für jene Dinge, die wir gegen Angriffe verteidigen wollen, für die wir bereit sind zu leben und vielleicht auch zu sterben, für die Vorstellungen und Werte, die wir am liebsten haben. Wenn diese Vorstellungen uns tief motivieren können und sie unsere Fantasie beflügeln, müssen sie in unserem eigentlichen Wesen verwurzelt werden; sie müssen uns Richtung geben, denn sie drücken unseren Lebensentwurf aus. Sie sind für uns wie ein Magnet und ziehen uns immer wieder zu unseren Überzeugungen zurück.

Zu sagen, daß wir Überzeugungen haben, bedeutet, daß wir von der Wahrheit oder den Werten, die wir hochhalten, überzeugt sind, *und* daß sie auf Beweis, Vernunft oder Überprüfung basieren. Von etwas überzeugt zu sein bedeutet, daß wir zustimmen, weil Argumente dafür sprechen. Zweifel treten in den Hintergrund. Wir sind gewillt, unseren Glauben zu bekräftigen. Wir sind durch die Logik beindruckt und überzeugt durch den Beweis. Wir finden die Rechtfertigung schlüssig, den Beweis selbstredend, die Fakten unverkennbar. Daher haben die Glaubenssysteme, die diese Prüfungen überstanden haben, haltbare Stärke in unserer Glaubensstruktur, und sie werden zu Überzeugungen. Aber überzeugt zu sein, bedeutet mehr als nur intellektuelle Zustimmung - obwohl es das als Minimum bedeuten muß - es beinhaltet genauso gefühlsbedingtes Hingezogensein.

Jeder Mensch hat eine große Anzahl Glauben, die er als mehr oder weniger wahr, als Teil des gesamten Wissens geltend macht. Er mag bezüglich vieler Dinge, an die er glaubt, unentschieden sein, und zwar in dem Sinne, daß wenn das Gegenteil der Fall wäre, ihm das egal wäre. Ich behaupte, daß der Amazonas durch Brasilien fließt, daß Irak große Ölvorkommen hat, die er schnell erschöpft, oder daß es keinen Beweis für intelligentes Leben auf dem Mars oder der Venus gibt. Ich könnte von der Wahrscheinlichkeit dieser Wahrheitsansprüche überzeugt sein, aber keiner könnte für mich von Dringlichkeit sein, außer wenn ich in Brasilien lebte, im Irak lebte, oder etwas mit Weltraumforschung zu tun hätte. Ich mag glauben, daß sie wahr sind, weil sie offensichtlich sind, aber sie sind keine *Überzeugungen*, weil Überzeugungen eine moralische Dimension und eine das Gefühl betreffende Kraft haben. Meine Überzeugungen weisen auf grundsätzliche Annahmen und Prinzipien innerhalb meines Glaubenssystems: meine kosmische Weltsicht, meine Art zu forschen, meinen Lebensentwurf und das soziale Gemeinwesen, dem ich mich verpflichtet fühle. Eine Überzeugung ist ein tiefverwurzelter Glaube in meiner Eupraxophie.

Zu sagen, daß jemand eine Person mit Überzeugung ist, bedeutet, daß er oder sie wirklich zu Glauben und Idealen verpflichtet ist, und daß diese mit zwingender Kraft wirken. Ein Wissenschaftler als Wissenschaftler hat per se keine Überzeugungen, nur Hypothesen und Theorien, die er aufgeben kann, wenn die Beweise das verlangen. Ein Philosoph als Philosoph hat keine Überzeugungen, nur intellektuelle Konzepte, Postulate und Voraussetzungen, die sich dem kritischen Argument beugen. Beide, der Wissenschaftler und der Philosoph, sind Menschen, und als solche haben sie sicherlich ihre Überzeugungen, jedoch nicht in ihren Fachbereichen - außer vielleicht bei der Entscheidung, ihren Beruf als Lebensentwurf anzunehmen und bestimmte objektive Forschungsmethoden zu gebrauchen. Der Religionsanhänger hat im Gegensatz dazu mehr als Überzeugungen, er hat für sich ein Glaubensbekenntnis und einen Glauben, Beweise und Gründe treten in den Hintergrund zurück. Was für ihn lebenswichtig ist, sind die leidenschaftliche Hingabe und das psychologische Bedürfnis, welches der Glaubenszustand befriedigt, oft trotz des Vorhandenseins von Beweisen für das Gegenteil. Der Eupraxoph, andererseits, hat Überzeugungen, und diese sind zweischneidig: kognitiver Glaube, der auf rationalen, kohärenten Beweisen basiert, die an ihren Ergebnissen überprüft sind, *und* eine haltungsmäßige Disposition, die ihn zum Handeln bringt. Überzeugungen sind kognitiver Art, aber sie drücken auch emotionalen Inhalt und inneren Drang aus.

Hiermit möchte ich nicht suggerieren, daß ein Mensch niemals seine

Überzeugungen verändern kann, besonders wenn er sich wissenschaftlicher Forschungsmethoden verschrieben hat. Wahrscheinlich treffen die Prinzipien des Fallibilismus zu, und es könnte sein, daß er seine Ansichten revidieren muß, ganz gleich, wie schwer das auch sein mag. Die Dinge, an die wir glauben, sind hypothetisch, und die Wahrscheinlichkeiten ihrer Wahrheit sind eine Funktion ihrer tragenden Gründe. Daher sind wir ihnen nicht *verbunden (religare)*, weil sie von intelligenten Prozessen kritischer Analyse und Überprüfung herrühren. Sie sind durch Reflektion abgestützt, jedoch sind sie nicht einfach Gegenstände intellektueller Zustimmung. Wenn einmal unsere kognitiven Hypothesen in Überzeugungen umgesetzt sind, haben sie emotionale und motivierende Kraft. Sie sind faszinierend und haben überzeugende Macht.

So kann man daran glauben, daß Demokratie die beste Regierungsform ist, und man wird sich, wenn sie bedroht ist, mit seiner ganzen Existenz für sie einsetzen und sogar bereit sein, dafür zu sterben; oder man kann an die Integrität der Wissenschaft oder an die Wichtigkeit der Menschenrechte glauben. All das drückt unsere Überzeugungen als Humanisten aus. Das alles wird jedoch leerer Glaube bleiben, außer wenn man entsprechend handelt. So sehen wir, daß die von ihnen herrührenden Verpflichtungen eng mit unseren Überzeugungen verbunden sind; wenn wir erst einmal von der Wahrheit unseres Glaubens und dem Wert unserer Werte überzeugt sind, sind wir motiviert, zu tun, was wir können, um sie anzuwenden und zu verteidigen und sogar zu versuchen, andere von ihrem Wert zu überzeugen. Wir sind bereit, ihnen unsere Zeit, unsere Bemühungen und Ehre zu widmen, um zu sehen, daß sie angewandt werden. Wir sind bereit, nach ihnen zu handeln und sie in die *Praxis* umzusetzen. In anderen Worten, unsere *sophischen* Überzeugungen haben eine *eupraxische* Rolle; sie beeinflussen direkt unsere Handlungsweise. Überzeugungen sind einfach verinnerlichte Glaubenszustände; wenn sie zu Verpflichtungen führen, wirken sie sich auf die alltägliche Welt in konkreten Bedingungen aus; sie lenken unsere Auswahl und unser Verhalten, denn sie drücken unseren tiefsten Glauben aus.

Begeisterung und Sehnsucht

Kann eine humanistische Eupraxophie Menschen genügend begeistern und eine erhabene Sehnsucht entwickeln? Religionsanhänger überwältigen die Fantasie dadurch, daß sie die menschliche Endlichkeit verleugnen, und so die Furcht vor der Sterblichkeit besiegen. Sie postulieren unsichtbare Kräfte, die angeblich unser Schicksal beherrschen, und bieten uns Erlösung an. Religiöse Mythen trösten die schmerzende Seele und erhöhen sie. Kann Eupraxophie das gleiche?

Millionen Säkularisten und Atheisten empfinden das Leben als veredelnd, mit einem Überfluß an guten Gelegenheiten und Anreizen. Wenn jemand keinen göttlichen Sinn für die menschliche Existenz entdecken kann, kann er oder sie ihr mit Mut begegnen und seine oder ihre Endlichkeit akzeptieren und ertragen. Es ist nicht so sehr "der Mut zu sein", den wir entwickeln müssen, als vielmehr "der Mut zu werden." Wir sind für unser Schicksal verantwortlich. Der Sinn des Lebens ist nicht in irgendeiner Spalte im Schoße der Natur verborgen, sondern wird durch freie Menschen geschaffen, die sich bewußt sind, daß sie für ihre Zukunft verantwortlich sind und den Mut haben, das in ihre eigenen Hände zu nehmen.

Die jeweilige Wahl, die wir im Leben treffen, hängt von dem soziokulturellen Zusammenhang ab, in dem wir uns befinden, und es gibt eine große Konstellation von Kräften, die dazu beitragen, gute Gelegenheiten und Glück eingeschlossen. Wir wurden durch unsere Eltern ohne unsere Zustimmung in diese Welt geworfen. Irgendwann, wenn wir im Leben reifer werden, begreifen wir, daß wir für unsere Handlungen selbst verantwortlich sind. Vielleicht nur in tragischen Zusammenhängen und nach echten inneren Kämpfen stellen wir die Frage: Warum gibt es mich? Was bedeutet das? Wie soll ich leben?

Die Antwort des Theisten ist nicht vertrauenerweckend, denn er bietet echte Märchen von der Kindheit der Menschheit an und hat sie durch fortlaufenden Selbstbetrug verewigt. Ein objektiver Denker kann diese Mythen nicht leicht schlucken. Aber wohin sollen sich Skeptiker zur Sinnfindung wenden? Hier hat die humanistische Eupraxophie etwas zu sagen. Denn Humanismus ist das Bemühen, die Tiefen der Existenz unter Zuhilfenahme der Wissenschaft und Philosophie auszuloten und uns auf einen Lebensentwurf zu verpflichten.

Auf die Frage: "Was will ich?" antwortet der Humanist: "Warum nicht Glück und ein erfülltes Leben?"
Auf "Wie kann ich dem Tod ins Auge sehen?" antwortet er: "Warum nicht mit entschiedenem Mut?"
Und auf "Wie soll ich ein erfülltes Leben führen?" antwortet er: "Durch ein Teilen der kreativen Freuden und Sorgen des Lebens mit anderen."
Die Werkzeuge des Eupraxophen sind nicht das Dogma oder Glaubensbekenntnis, das der leichtgläubigen Seele gepredigt wird, sondern kritische Intelligenz; keine Fiktion, sondern Wahrheit. Sind die Antworten, die einem Menschen in existentieller Verzweiflung gegeben werden, beredt genug, so daß er in Zeiten der Not getragen werden kann? Können sie die Sehnsucht auf veredelte Höhen anheben? Können sie in uns eifriges Bemühen auslösen? Können sie uns zur Höchstleistung motivieren? Haben sie genügend Format?

Ich antworte: Sie können es, wenn sie auf *Überzeugung* basieren, wenn sie *Verpflichtung* erzeugen und wenn sie unsere *kreativen Impulse* herausfordern. Kann der Ungläubige intensiv leben? Kann er sein Leben kraftvoll leben? Ich sehe nicht, warum er das nicht könnte. Tatsächlich haben die heidnische Zivilisation der Vergangenheit und die humanistischen Zivilisationen der Gegenwart dies mit Lebenskraft und Vergnügen getan. Es ist möglich, ein volles Leben zu führen, wenn wir die Illusionen, die uns knebeln, über Bord geworfen haben, wenn wir das zerstörerische Gefühl oder die Schuld überwunden haben, wenn wir die Welt als denkende, jedoch auch leidenschaftliche Wesen betreten haben.

Können wir pathologische Glaubenssysteme überwinden, die uns verkrüppeln wollen? Können wir unsere natürliche Tendenz zu leben für uns und andere in *diesem* Leben freisetzen, ohne die vergebliche Hoffnung auf Unsterblichkeit? Können wir die höchsten Ideale ausdrücken? Können wir diese durch unser Leben bestätigen? Können wir eine prometheische Haltung einnehmen, die Götter und Göttinnen der Vergangenheit zerbrechen und trotzdem als kreative Wesen leben? Können wir unsere Freuden mit anderen teilen und starke, persönliche Leben leben, die bedeutungsvoll sind? Können wir unsere Pläne und Projekte kreieren, und dadurch, daß wir sie vollenden, eine innere Genugtuung erfahren?

Dies sind Fragen, die ein Eupraxoph, der Religion endgültig aufgegeben hat, bedenken und beantworten muß. In der letzten Analyse ist die authentische Resonanz der humanistischen Eupraxophie die Fähigkeit, nicht nur die Welt im Lichte der besten wissenschaftlichen Beweise zu erklären, sondern auch in uns leidenschaftliche Stärke und einen Lebenswillen zu stimulieren, den Mut, von neuen Zielen zu träumen und sie zur Reife zu bringen. Die abschließende Probe für die Eupraxophie ist die Frage, ob sie uns hilft, ein freudiges, volles Leben zu führen, und ob wir uns auf neue Abenteuer des Lebens einlassen.

Eine begeisternde Botschaft

Kann der säkulare Humanismus eine Botschaft überbringen, die dramatisch und anregend genug ist, damit Männer und Frauen danach trachten, neue Höchstleistungen zu vollbringen? Kann er Ideale von einer solchen Intensität und Stärke geben, daß sie die antiken Mythen ersetzen können? In jeder Periode der menschlichen Zivilisation müssen Menschen diese Fragen gemäß ihren eigenen Bedingungen stellen. Was könnte eine begeisternde Botschaft für die Zukunft sein - für das 21. Jahrhundert und darüber hinaus? Keiner kann die Zukunft mit Sicherheit voraussagen. Niemand kann genau vorhersagen, welche Probleme und Möglichkeiten zukünftige Generationen erwartet. Irgendwelche weltweiten Katastrophen ausgenommen, werden die gegenwärtigen Tendenzen und Trends, die Ideale und Sehnsüchte, die zur Zeit erkennbar sind, ohne Zweifel weiterhin die Zukunft beeinflussen. Ohne Zweifel werden Menschen eine Bereicherung in der Verfolgung ihrer Karrieren finden, und darin, sich mit anderen zusammenzutun - Freunden, Liebhabern, Mitgliedern der Familie und mit ihren Gemeinschaften. Trotzdem, meine ich, gibt es noch große humanistische Ideale über die hinaus, die uns inspirieren können.

    Wir haben gesehen, wie der säkulare Marxismus eine inspirierende Botschaft für das 19. und 20. Jahrhundert anbot. Sie brach mit orthodoxer Religion, zog Millionen Menschen an und fegte über große Teile der Welt. Trotzdem erlitt der Marxismus das gleiche Schicksal wie viele andere jugendliche Idealismen; er wurde von der Bürokratie korrumpiert. Im Marxismus lagen die Keime zu seiner eigenen Zerstörung; denn in seinem Enthusiasmus für ein neues Utopia unterdrückte er die Freiheit des Menschen und wurde von Grausamkeit und Langeweile beherrscht. Obgleich er zuerst ein Verteidiger des Fortschritts war, wurde er zu einem Fortschrittsgegner. Der Marxismus schlug eine perfektere Gesellschaft in dieser Welt vor. Als jedoch die Marxisten anfingen, in dem zu leben, was sie geschaffen hatten, stellte es sich als vulgär und banal heraus, überhaupt nicht begeisternd, und so wurden die Träume des Marxismus fleckig und verblaßten.

Wesentlich für das Christentum und den Marxismus waren ihre Zukunftsvisionen, die sie ursprünglich versprachen. Beide Systeme boten Utopien an: das Christentum eine Flucht aus dieser Welt in eine andere mittels Erlösung, und der Marxismus eine Beendigung der Ungerechtigkeit durch die Schaffung einer klassenlosen Gesellschaft. Beide gaben dem Leben einen Sinn und eine Ahnung von einer tollen Zukunft. Beide projizierten Bilder, die in der Lage waren, unzählige Millionen Menschen zu inspirieren.

Sowohl der Marxismus als auch das Christentum antworteten auf machtvolle psychologische Kräfte, die tief in der menschlichen Psyche arbeiten. Beide haben das Problem der Entfremdung von der Welt erkannt, es wurde entweder als ein Ort der existentiellen Tragödie durch die Christen oder durch die Marxisten als ein korruptes ökonomisches System angesehen, das den Menschen Gleichheit und Kreativität verweigert. Beide haben gegenüber denjenigen, die die Geschäfte der Welt führen, Ressentiments gehegt. Der Christ klagte den Säkularisten an, sündig und schlecht zu sein, und der konzentrierte sich auf weltfremde Träume. Der Marxist verurteilte das bestehende gesellschaftliche System als korrupt und die herrschenden Klassen als schlecht, und er wollte sie in Zukunft übertreffen. Beides waren Bewegungen einfacher Leute, die ursprünglich den sozial Schwachen ansprachen: den Armen, den Ausgeplünderten, den Unterdrückten, den Kranken, den Benachteiligten. Beide fingen als Feinde der Reichen und Mächtigen an, obgleich sie, als sie einmal an der Macht waren, selber ihre Machtstrukturen aufbauten und eine neue Elite schafften, um die alte zu ersetzen.

Beide Systeme waren messianisch, seelenretterisch und radikal in ihren Versprechungen. Beide wollten den Status quo durch Schaffung einer neuen Wirklichkeit überwinden. Es war diese neue Wirklichkeit, die ihre ergebenen Anhänger inspirierte, und für die sie gern alles aufs Spiel setzen wollten.

Das Problem des Christentums und des Marxismus ist, wenn man sie als dogmatische Glaubensbekenntnissse interpretiert, daß sie auf falschen Prämissen gründen. Trotzdem sind sie noch so mächtig, daß es verfrüht wäre, ihr Ende vorherzusagen. Beide haben eine starkes Stehvermögen und es könnte sein, daß sie die Fähigkeit haben, sich zu regenerieren. Dies war beim Christentum sicherlich der Fall, das jede Prognose, daß es im Sterben lag, überlebte, und es könnte auch für den Marxismus richtig sein, denn seine vollständige Geschichte muß noch geschrieben werden.

Kann humanistische Eupraxophie Männer und Frauen durch die Kraft der Bilder für die Zukunft inspirieren? Menschen leben nicht vom Brot allein, und eine lebensfähige Vision von morgen kann ihren Hoffnungen Nahrung geben. Wenn Humanismus Überzeugungen und Verpflichtungen entwickeln soll, dann müssen seine Träume inspirierend sein. Aber wie kann eine realistische und skeptische Würdigung der menschlichen Bedingungen genug Kraft haben, den wirklichen Hunger der Menschen nach einem ideellen Sinn stillen?

Ist der Humanismus dazu verurteilt, eine Bewegung einer kleinen intellektuellen Elite zu sein, unfähig, die leidenschaftlichen Bestrebungen der einfachen Leute anzusprechen?

Welche neuen Richtungen kann der Humanismus einschlagen, um weitverbreiteten Anklang zu finden? Lassen Sie mich einige denkbare aufregende Möglichkeiten für ein besseres Morgen vorschlagen.

Aufregende neue Entdeckungen. Die wissenschaftliche Revolution wird unzweifelhaft auch weiterhin große Anreize für die menschliche Spezies hervorbringen. Die Grenzen der wissenschaftlichen Erkenntnis werden weiter ausgedehnt, und wir sehen kein Ende. Wissenschaftliche Entdeckungen können für uns reichlich Gelegenheiten ergeben, die Geheimnisse der Natur zu erkunden und unseren Erkenntnishorizont zu erweitern. Dies kann zu neuen technologischen Erfindungen führen, die noch erstaunlicher in ihrer Anwendung sind, zu neuen Produkten von unschätzbarem Wert. Zwei große Quellen menschlicher Bereicherung gibt es: (1) vermehrtes Wissen und Gelehrsamkeit, und (2) kühne neue Erfindungen und Anwendungen, die gebraucht werden und Gefallen finden. Das erste muß von den Regierungen, Universitäten und Forschungsinstituten unterstützt werden, das zweite durch die Industrie und Wirtschaft. Die Entdeckungen der letzten hundert Jahre wurden zu ihrer Zeit als atemberaubend angesehen: die Glühbirne, die Schallplatte, das Telefon, Kino, Fernsehen, Hochgeschwindigkeitszüge, Automobile, Flugzeuge, Raumfahrzeuge und Computer. Neue Produkte und Dienstleistungen, die man sich heute noch nicht vorstellen kann, werden entwickelt, um das Leben gewaltig zu verbessern und zu bereichern.

Höherer Lebensstandard. Dies alles kann zur Verbesserung und Bereicherung der Bedingungen für das menschliche Leben auf einer weltweiten Basis beitragen. Es kann zum Ende der Armut führen, einem riesigen Anstieg des Komforts und des Überflusses. Schon jetzt erfreuen sich große Teile der Weltbevölkerung eines besseren Lebens. Dies kann auf den Rest der Menschheit ausgedehnt werden, wenn wir in der Lage sind, einen übermäßigen Bevölkerungsanstieg durch vernünftige Familienplanung zu begrenzen, so daß das Anwachsen der landwirtschaftlichen Produktion und der wirtschaftlichen Entwicklung nicht durch ausufernde Bevölkerung gefährdet sind. Wir müssen auch unkluge Technologien verhindern, die die natürliche Umwelt verschmutzen.

Erhöhte Lebenserwartung. Mittels verbesserter Ernährung und Gesundheitsvorsorge könnte es für die medizinische Wissenschaft möglich sein, das Leben der Menschen weit über die jetzigen Grenzen hinaus zu verlängern. Die Medizin hat schon jetzt gelernt, wie Schmerzen und Leiden vermindert und ein vorzeitiger Tod abgewehrt werden können. Aber es könnte möglich sein, dies in einem viel größeren Maßstab zu tun, und das Leben um viele Jahre, ja sogar Jahrzehnte, zu verlängern. Menschen werden in der Lage sein, das Vergnügen mit ihren Karrieren, Freunden, Liebhabern und Familien zu verlängern. Leiden wegen zu frühen und schmerzvollen Todes, welches die traditionelle Religion zu verbessern versuchte, Leiden, die wahrscheinlich schrecklich waren, besonders für einfache Bürger und Arbeiter, können so gelindert werden. Die Bedingungen des Lebens können wahrscheinlich reich und erfreulich werden.

Mehr Freizeit. Die Früchte der wissenschaftlichen und technologischen Revolution haben schon jetzt die reine Plackerei vieler körperlicher Arbeiten verringert, und sie haben den Menschen mehr freie Zeit beschert, in der sie Tätigkeiten nachgehen, die ihnen gefallen. Das kann sich weiterentwickeln, so daß sie die Mittel für kreative Beschäftigungen und deren Ausübung finden und so zu einem lohnenderen Leben beitragen. Dies beinhaltet auch die Gelegenheiten, sich der Künste, Reisen, Sport und anderer Formen der Freizeitbetätigung zu erfreuen. Keiner muß sich langweilen.

Der menschengerechte Arbeitsplatz. Die Kreativität muß auf den Arbeitsplatz ausgedehnt werden. Arbeitskraft sparende Einrichtungen in der Fabrik und im Büro, auf dem Felde und sogar zu Hause haben die Notwendigkeit für beschwerliche Arbeit verringert. Saubere und moderne Arbeitsplätze können ebenfalls zu zufriedenstellender Arbeit beitragen. Die fürchterlichen Fabriken des Industriezeitalters und die schwere Arbeit auf dem Lande können schöneren und effizienteren Arbeitsmethoden Platz machen. Arbeit und Spiel können so integriert werden, daß die Menschen dazu herausgefordert werden, ihre Arbeit als kreativ zu empfinden. Dies beinhaltet auch die Notwendigkeit, Menschen dadurch für ihren Arbeitsplatz zu engagieren, daß sie durch Mitbestimmung einbezogen sind. Es sollte eine Möglichkeit geben, daß Menschen ihre Berufslaufbahn mitten im Leben wechseln können und für neue Berufe ausgebildet werden; niemand sollte dazu verdammt sein, zeitlebens ein Bergmann oder ein Helfer in der Landwirtschaft zu sein, sondern er sollte die Möglichkeit haben, verschiedene Beschäftigungen zu unterschiedlichen Abschnitten in seinem Leben auszuüben.

Demokratisierung und Freiheit. Der Schutz der Rechte des einzelnen gegenüber repressiven Gesellschaften oder autoritären Regimen ist eine Herausforderung für die Zukunft. Menschen sollten in der Lage sein, in Frieden und Harmonie zu leben, ohne Furcht oder Grausamkeit. Rassische, religiöse und Klassenkonflikte können überwunden werden. Allen Menschen kann die Gelegenheit gegeben werden, sich an den Einrichtungen ihrer Gesellschaften zu beteiligen. Das Gewähren der Ideale der offenen, pluralistischen und demokratischen Gesellschaft in allen Gebieten der Welt ist vielversprechend. Gesellschaften müssen nach wie vor durch Gesetze geregelt werden, jedoch sollten diese Ergebnisse demokratischer Entscheidungsfindung und öffentlicher Revision zugänglich sein. Das Ziel demokratischer Gesellschaften ist es, die Gelegenheiten für individuelle Autonomie und Handlungsfreiheit zu maximieren.

Sexuelle Freiheit und Vergnügen. Ohne eine Unterdrückungsdoktrin, die durch eine theologische Erosphobie genährt ist, können Menschen lernen, sich untereinander besser zu schätzen und zu lieben; sie können lohnende sexuelle Beziehungen mit anderen Erwachsenen eingehen, die das auch wollen. Verantwortungsvolle Sexualität wird es möglich machen, intime Bindungen zu entwickeln. Frauen und Männer werden in ihrer Würde und ihrem Wert als gleichberechtigt angesehen werden. Paare, die Freiheit bezüglich der Zeugung haben, können verantwortungsvolle Geburtenregelung und Familienplanung ausüben. Sex gibt es nicht nur zur Fortpflanzung, sondern auch zur Freude. Derartige erfüllte menschliche Beziehungen können ungeheuer zum persönlichen Wohlbefinden beitragen.

Weltethik in einer Weltgemeinschaft. Menschen können dahin kommen, daß sie erkennen, daß allgemeine menschliche Bedürfnisse und Rechte respektiert werden sollten, da wir alle Teil der Weltgemeinschaft sind. Nationale, rassische, religiöse und politische Grenzen müssen fallen, da alle Bereiche der Menschheit an einer neuen Weltzivilisation teilhaben. Dies wird die neue soziopolitische Grenze für die nächsten paar Jahrhunderte sein, und sie wird den Idealismus der Jugend mobilisieren müssen und die Hingabe von allen, die daran interessiert sind, eine friedliche und wohlhabende Weltgemeinschaft aufzubauen. Viel Arbeit muß erledigt werden, um diese planetarische Vision zu erfüllen. Das schließt auch die Erkenntnis mit ein, daß wir diesen Planeten mit anderen Arten teilen, und daß wir die Pflicht haben, die natürliche Umwelt zu erhalten. Wir sind verpflichtet, wirtschaftliche, soziale und politische Probleme gemeinsam als integrale Bestandteile einer Weltgemeinschaft zu lösen.

Weltraumerforschung. Die Welt von morgen mag der Menschheit sehr wohl das gesamte Solarsystem und noch mehr öffnen und zur Erforschung zugänglich machen. Wir haben bereits das Weltall betreten und können unser Sonnensystem verlassen, um die äußersten Weiten des Kosmos zu untersuchen. Es mag möglich sein, Raumkolonien zu bauen, andere Planeten zu bewohnen, vielleicht sogar, über unser Sonnensystem hinaus zu kühnen neuen und gewagten Unternehmen zu reisen. So kann das Reisen im Weltraum Wirklichkeit werden, wie die planetarische

Zivilisation in der Lage ist, ihre Bereiche auszudehnen. Wenn wir die Welt vom Kosmos aus als eine unabhängige Weltgemeinschaft sehen, kann uns dies nur dazu inspirieren, es in die Tat umzusetzen.

Kreativität. Die höheren Formen der Kreativität finden ihren Ausdruck in den Künsten und der Wissenschaft, Philosophie, Dichtung und Musik. Neue kreative Entdeckungen können zu aufregenden und interessanten Erfahrungen, die nur um ihrer selbst willen genossen werden, führen. Leben bedeutet nicht einfach nur, sich mit Überlebensproblemen auseinanderzusetzen, sondern es beinhaltet auch kreative Erfüllung und Verwirklichung, das Anzapfen neuer Erfahrungshorizonte. Die Erweiterung der Horizonte kreativen Lernens kann so zur fortgesetzten Vitalität und Freude beitragen.

Neue, noch nicht angezapfte Horizonte. Die Propheten des Untergangs sagen immer den letzten Kampf zwischen Gut und Böse voraus. Sie haben Angst vor der Zukunft; sie möchten zu dem, was sie als ideale Vergangenheit ansehen, zurückkehren; sie möchten davon erlöst sein, Entscheidungen treffen zu müssen. Sie sagen Unheil voraus: Gottes Zorn, nukleare Zerstörung, den Treibhauseffekt, ökologische Katastrophen, wirtschaftlichen Zusammenbruch oder irgend etwas anderes. Ohne Zweifel werden Menschen immer vor Problemen stehen. Keiner kann dem entrinnen. Aber dies sollte als Herausforderung angesehen werden, nicht als Hindernis. Wir müssen der Zukunft mit dem Willen begegnen, daß, ganz gleich welche Probleme auch auftauchen werden, wir unsere kritische Intelligenz und unsere Entschlossenheit benutzen werden, um sie zu lösen. Die Herausforderung des Lebens ist es nicht, verzweifelt vor Problemen zu fliehen, sondern ihnen froh entgegenzusehen, immer bereit, neue Wege und Unternehmungen des Lebens anzunehmen.

Hoffentlich kann diese Vision des menschlichen Potentials Leute inspirieren, fest auf das Leben loszugehen, und mit anderen zusammenzuarbeiten, um eine bessere Welt zu schaffen. Wenn dies nicht inspirierend ist, fällt mir kaum noch etwas ein. Wenn jemand Angst vor einer Welt mit unbegrenzten Möglichkeiten hat, dann kann ich ihn allerdings nicht beruhigen. Aber denjenigen, die gewillt sind, noch nicht vermessene Tiefen zu erkunden, kann ich nur sagen: "Kommt mit mir zur nächsten Küste, denn dort wird es noch nicht freigelegte Potentiale geben, die entdeckt werden wollen. Laßt uns fröhlich bekräftigen, daß Leben schöner, reichhaltiger und wunderbarer sein kann."

Es gibt hier radikal entgegengesetzte Haltungen. Die Unterschiede sind vielfach: zwischen Buddha (der kontemplativen Seele) und Marx (der aktivistischen Haltung); Mohammed (Gehorsam gegenüber Gott) und John Dewey (die Probleme des Lebens mit Intelligenz lösen); Jesus (passives Opfer für das Vateridol) und Prometheus (kreative Kühnheit bei der Herausforderung der Götter). Kann die eupraxophische prometheische Haltung uns motivieren, neue Höhen der Leistung zu erklimmen? Kann sie auf jeden Mann und jede Frau dieser Welt angewandt werden? Wenn es erfolgreich sein soll, kann es das nur sein, wenn wir die Phantasiegebilde über Bord werfen und zu höheren Stufen der Fertigkeiten und Erkenntnisse fortschreiten. Da müssen, das gebe ich zu, konkrete Maßnahmen unternommen werden. Die humanistische Eupraxophie wird uns in neue Richtungen führen. Was sind die nächsten Schritte? Dies sind die Fragen, denen wir uns nun zuwenden müssen.

V. Schaffung des Humanismus in der Zukunft

Der Bedarf an neuen Institutionen

Man muß zuerst fragen: Warum haben es das Freidenkertum, der Atheismus und der säkulare Humanismus bis jetzt es nicht fertig gebracht, große Unterstützung in der Welt zu erlangen? Warum gewinnen alle wissenschaftlichen Humanisten und Säkularisten alle intellektuellen Feldzüge gegen Religionsvertreter, verlieren jedoch langfristig? Warum bleiben orthodoxe Religionen weiterhin bestehen, obwohl sie von ihren Kritikern aufschlußreiche Widerlegungen ausgeteilt bekamen? Ist es, weil diese Religionen in der Lage sind, auf dauernde Bedürfnisse der menschlichen Spezies in einer Weise zu antworten, wie es der naturalistische Humanismus nicht getan hat?

Wir sind mit einem Paradoxon konfrontiert, weil die Kräfte des Humanismus in der Zivilisation sehr tief verwurzelt sind; tatsächlich sind sie wahrscheinlich der stärkste Einfluß in der modernen Welt - sogar synonym mit dem Ausdruck *Modernismus.* Dieses ist die prometheische Entschlossenheit, die Götter herauszufordern und die Natur zu verstehen und für unsere eigenen Zwecke zu beherrschen. Religiöse Institutionen widerstehen weiterhin dem modernen Impuls; sie zeigen keine Zeichen eines frühen Todes. Obwohl sie in einer Generation abzunehmen scheinen, sind sie offensichtlich in der Lage, sich in der nächsten wieder zu etablieren. Trotzdem hat der organisierte Humanismus bis jetzt in seinem Bemühen versagt, sich der Vorstellungskraft der Öffentlichkeit zu bemächtigen und starke Institutionen als eine Alternative zur Religion zu etablieren.

Wenn wir die Rolle der humanistischen und säkularistischen Ideen in der Welt von heute untersuchen würden, wären wir von ihrem großen Einfluß beeindruckt. Um nur sechs zu nennen: Das erste ist die Entwicklung der Wissenschaft und die fortschreitende Anwendung wissenschaftlicher Methoden auf das Verständnis der Natur und des Lebens.

Das zweite ist die Anwendung der Technologie und Industrie für die Verbesserung menschlicher Bedingungen und ihre Beiträge zum Lebensstandard und zur Gesundheit.

Das dritte ist die Entwicklung der weltlichen Schulen und Universitäten und die Erweiterung des Bildungsstandes für Millionen von Bewohnern dieses Planeten.

Das vierte ist die weitergehende Säkularisierung der Gesellschaft und Kultur, der Künste und Wissenschaften, der Philosophie und der Politik, indem man sie von religiöser Autorität oder Beherrschung unabhängig macht.

Das fünfte ist die fortschreitende Entwicklung der demokratischen Ideale in der ganzen Welt, jene, die die Gewissensfreiheit anerkennen, das Recht auf Dissens, und die Trennung von Kirche und Staat.

Das sechste ist die zunehmende Achtung der Menschenrechte weltweit und das Gefühl dafür, daß wir alle Teil einer voneinander abhängigen Weltgemeinschaft sind.

Obwohl Säkularismus und Humanismus kraftvolle Strömungen in der modernen Welt sind und fortfahren werden, inspirierende Ideale zu unterstützen, hat der organisierte säkulare Humanismus es nicht geschafft, genügend Schwung zu entwickeln. Es stimmt, daß es einige Länder gibt (besonders in Westeuropa), wo die Humanistische Bewegung wächst, jedoch ist der allgemeine Einfluß sehr schwach. Einige Leute fragen: Was für einen Unterschied macht es schon? So lange Humanismus und Säkularismus wachsen, warum soll man sich mit dem Aufbau Humanistischer Organisationen abmühen? Humanisten sind unabhängige Leute, die nirgends eintreten, behaupten sie, und daher brauchen sie keine Organisation zu ihrer Unterstützung. Sie gehören keiner Religionsgemeinschaft mehr an; warum sollen sie eine Mitgliedschaft in einer anderen Gemeinschaft eingehen?

Ich habe diese Argumente als Vernunftsgründe, die zum Mißerfolg führen, verworfen. Wir haben einen wichtigen Scheideweg der Evolution der menschlichen Zivilisation erreicht, und wenn nicht starke humanistische Institutionen entwickelt werden, gibt es keine Garantie dafür, daß die säkulare und humanistische Revolution der modernen Welt sich fortsetzt. Säkularistische und humanistische Kultur in der heidnischen Zivilisation wurde durch das Finstere Zeitalter des Christentums überwältigt; die Bücherei von Alexandria, ein Schatz großer Klassiker, wurde verbrannt und die unrühmliche Heilige Inquisition begann. Jedes Zeitalter ist durch neue Inquisitionen im Namen Gottes gefährdet. Es gibt keine Sicherheit, daß das nicht wieder passiert, und daß sich Männer und

Frauen nicht aus Angst zitternd in die falsche Sicherheit eines religiösen Kokons zurückziehen werden. Dies könnte der Fall sein, wenn ein Atomkrieg, Umweltzerstörung oder die Bevölkerungsexplosion die Menschheit mit Problemen konfrontiert, die so fürchterlich sind, daß sie sich außerstande sieht, diese mit Intelligenz zu lösen. Ein Zusammenbruch des Mutes und eine erneute Todesdrohung, ob individuell oder kollektiv, könnten das menschliche Bewußtsein wieder überfallen, und es könnte wieder die Notwendigkeit fühlen, Mythen des Trostes zu postulieren, um die Frustration und das Leid zu lindern.

Wenn säkularer Humanismus eine starke Macht in der Welt wird und wächst, muß er nicht nur eine kognitive Angelegenheit sein; er muß lebendige soziale Einrichtungen aufbauen, um die fortschreitenden Gewinne an Wissen zu erhalten, und dafür sorgen, daß sie sich in der Zukunft entwickeln.

Es war Karl Marx, der feststellte, daß utopischer Sozialismus ideal und visionär bliebe, außer wenn er revolutionäre Mittel einsetzte, um ihn in die Praxis umzusetzen. Und es war Lenin, der sich für eine Revolutionsstrategie einsetzte, einschließlich der Ergreifung der Staatsmacht, um Ergebnisse zu erzielen. Obgleich ich mich grundlegend von Marx und Lenin unterscheide - und besonders bei ihren Bemühungen, Macht, Gewalt und die Staatskräfte gegenüber der Gesellschaft anzuwenden - stimme ich in einem Punkte zu. Der einzige Weg dafür zu sorgen, daß humanistischphilosophische, wissenschaftliche und ethische Konzepte unser Zeitalter überdauern, ist, sie zu Überzeugungen und Verpflichtungen in den Köpfen und Herzen von einfachen Männern und Frauen umzusetzen, und dadurch, sie in institutionalisierter Form zu verkörpern; das heißt, daß säkularer Humanismus am besten durch Aufbau lebendiger Institutionen weiterbestehen kann und dadurch, daß seine Ideale in die Wirklichkeit umgesetzt werden. Ideen werden lebendiger, wenn sie durch ihre institutionellen Formen verstärkt werden, obgleich ich hinzufügen sollte, nur eine gewaltlose Strategie kann dies am wirkungsvollsten zustande bringen, eine, die hauptsächlich auf moralischer Überredung und Bildung besteht. Jede Generation sollte die Ideale der Vergangenheit verändern und nur die beibehalten, die für die Gegenwart relevant sind.

Wir wollen sicherlich nicht zukünftige Generationen an unsere Konzepte fesseln, wenn diese Ideale jedoch lebensfähig sind, können sie helfen, unser Verhalten und das unserer Nachfahren auf eine konstruktive Art zu leiten, ohne daß jede Generation die Wahrheiten neu entdecken muß, die wir schon gelernt haben, oder die Fehler der Vergangenheit zu wiederholen. Wenn wir es nicht fertigbringen, neue säkulare Institutionen zu schaffen, mag der Humanismus keine dauerhafte Wirkung auf unsere Zivilisation haben, besonders, da er sich täglich mit den Überbleibseln religiöser Institutionen der Vergangenheit herumstreiten muß. In vielen Stadtvierteln scheint es so zu sein, als ob jeder zweite Straßenblock eine Kirche, einen Tempel oder eine Moschee hat, und obgleich die eine Generation ihren Botschaften gleichgültig gegenübersteht, mag die nächste das, was sonst leblose Hüllen gewesen wären, mit neuem Leben erfüllen. Sonntagsschulklassen, Seminare, Predigten, Erweckungen (spontanes Erlebnis des Gewahrwerdens einer religiösen Orientierung und Motivation des gesamten eigenen Lebens, Anm. d. Übers.) und Publikationen fahren damit fort, die veralteten Botschaften der vergangenen Jahre auszuschütten. Erinnerungen sind kurzlebig. Jede Generation muß neu lernen, warum die Skeptiker der Vergangenheit die Evangelien aus alten Zeiten verworfen haben, und wie sie es angestellt haben, neue Formen kreativen Lebens zu führen. Institutionen bewahren die Glaubenssysteme der Vergangenheit und verewigen die Erinnerungen daran in der Zukunft. Wenn schon nichts anderes, so ist es die Aufgabe des Humanismus, als Alternative zum Theismus Gegeninstitutionen aufzubauen, weil uns sonst noch weiterhin repressive Formen der Religiosität plagen werden.

Welche Institutionen sollten wir versuchen zu entwickeln? Wie sollen wir es anstellen, sie aufzubauen?

Lassen Sie mich darauf hinweisen, daß die moderne Welt bereits viele machtvolle säkulare Institutionen errichtet hat. Zum Beispiel ist der moderne säkulare Staat in der religiösen Sphäre neutral, und er versucht nicht, religiöse Doktrinen in seiner Bevölkerung zu stärken. Die meisten westlichen Demokratien haben den theokratischen Mächten schon die Kontrolle des politischen Lebens abgerungen. Gleichfalls übt die Kirche keine monopolistische Kontrolle über das Wirtschaftsleben aus, und Wirtschaftsinstitutionen blühen als reine säkularistische Phänomene. Gewissensfreiheit und eine gewisse moralische Freiheit werden auch unabhängig von der Religion respektiert. Verbunden mit dem Anwachsen des Säkularismus ist die Tatsache, daß demokratische Staaten Bildung jetzt als ein allgemeines Recht aller Kinder garantieren. Eltern können ihre Kinder in säkulare Schulen schicken, in denen religiöse Indoktrination überwiegend nicht existiert, und eine Grundbildung einschließlich Kunst, Wissenschaft und einem breiten Spektrum von Disziplinen gelehrt wird.

Im Weltmaßstab gesehen ist die Säkularisation jedoch nur teilweise vorhanden. In vielen westlichen Ländern gibt es unablässige Bemühungen von Religionsvertretern, die Trennung von Staat und Kirche zu zerschlagen und der Religiosität ihren früheren Einfluß auf die Öffentlichkeit wiederzugeben. Die öffentlichen Schulen sind zu einem Schlachtfeld geworden, und Religionsvertreter versuchen laufend, Religiosität neu in ihnen zu verankern, in Form von Gebeten und der Lehre des "wissenschaftlichen" Kreationismus. In den meisten westlichen Demokratien gibt es private Kirchengemeindeschulen, und für viele von ihnen werden öffentliche Mittel zur Finanzierung eingesetzt; sie wetteifern mit der säkularen Bildung oder schwächen sie. Darüber hinaus gibt es ständig Bemühungen von Religionsvertretern, der Gesellschaft ihre Moralnormen aufzudrücken und moralische Freiheit zu begrenzen.

In vielen Ländern der Welt ist die Trennung von Kirche und Staat noch nicht anerkannt, wird dort tatsächlich als nicht zu verstehendes Konzept angesehen. So ist zum Beispiel in praktisch der gesamten Welt des Islam die Nationalität mit der Religion verbunden, und die politische, wirtschaftliche und moralische Ideologie des Koran ist vom Staat akzeptiert. Die Welt des Islam muß erst noch eine wirkliche demokratische Revolution gegen die theokratische Beherrschung erfahren. Obgleich westliche Einflüsse unverkennbar sind, versuchen islamische Fundamentalisten, die Säkularisation großer Bereiche des Lebens zu verhindern. Gleichfalls übt die katholische Kirche in vielen südamerikanischen Ländern ungebührliche Autorität aus, beherrscht riesige Reichtümer und übt politische Macht aus. Es wird ohne Zweifel in vielen dieser Länder in der Zukunft schwierig sein, die Macht der Religion aufrechtzuerhalten, stellen doch Wissenschaft und Technologie, allgemeine Bildung, wirtschaftliche Entwicklung, Theologie der Befreiung, westliche demokratische Ideale und verbesserte Mittel der Kommunikation mit einer immer weiter ansteigenden Menge von Informationen ihre Vorherrschaft in Frage.

In marxistischen Ländern sind die alten Kirchen ihres großen Einflusses beraubt worden, und Atheismus ist zur offiziellen Ideologie erklärt worden. Viele dieser Länder ersetzten jedoch lediglich alte Formen der repressiven Gedanken-Kontrolle durch neue, und das Recht auf Dissens wurde der Bevölkerung vorenthalten. Es gibt heute ermutigende Zeichen dafür, daß doktrinärer Marxismus sich verändert, und daß Perestroika (wirtschaftliche und politische Restrukturierung) und Glasnost (Offenheit) positive Auswirkungen auf die Zukunft humanistischer Entwicklung in kommunistischen Nationen haben werden - obgleich man nicht mit Sicherheit sagen kann, wie es schließlich enden wird.

Wenn man die moderne Welt betrachtet, sieht man, daß es neben der Regierung viele säkularisierte Institutionen gibt. Es ist anerkannt, daß Universitäten und Colleges nur blühen können, wenn bestimmte Bedingungen für eine freie Forschung vorhanden sind. Millionen junger Menschen in der Welt erhalten eine immer bessere Bildung. Wissenschaft und Technologie sind völlig säkularisiert worden, genauso wie Literatur, Kunst und Moral. Viele Institutionen sind gegründet worden, um den Säkularismus zu verewigen: Kunst- und Wissenschaftsmuseen, Planetarien, symphonische und andere Musikorganisationen, Berufsverbände, Büchereien und Verlage von Zeitungen, Magazinen, Journalen und Büchern. Dann sind noch die verschiedenen Formen der Unterhaltung hinzuzufügen, und man sieht, daß der säkularisierende Einfluß enorm wird. Die Medien haben einen tiefgreifenden Einfluß auf unsere Ideen und Werte, und sie geben eine überwiegend nichttheistische Perspektive. Professionelle Sportmannschaften, Amateurspiele, Reise- und Freizeitaktivitäten tragen alle zum Säkularisationstrend bei. Nicht zuletzt seien die "Helfenden Berufe" genannt: Medizin, Psychiatrie und Beratung, Krankenhäuser und Kliniken - die alle damit befaßt sind, Gesundheitsfürsorge für Kranke, Hilflose, Behinderte und Verwirrte zu geben. Obgleich diese oft mit kirchlichen Krankenhäusern und caritativen Organisationen im Wettbewerb stehen, arbeiten sie nach eigenen Richtlinien als effektive Alternativen zur konservativen Religiosität.

Wo ist überhaupt die Grenze des säkularen Humanismus? Sie liegt in dem Aufbau völlig neuer Institutionen, die es jetzt noch nicht gibt. Lassen Sie mich einen kreativen Plan und eine Strategie für die Zukunft vorschlagen.

Kritische Intelligenz

Am stärksten hat der säkulare Humanismus die Kultivierung kritischer Intelligenz in der Gesellschaft betont. Man sollte sich weder für diesen Schwerpunkt entschuldigen noch versuchen, die zentrale Bedeutung kognitiven Denkens herunterzuspielen. Wie ich jedoch bereits ausgeführt habe, muß der Humanismus als Eupraxophie mehr tun, wenn er Erfolg haben soll, anderenfalls läuft er Gefahr, nur die Bewegung einer wirkungslosen, intellektuellen Elite zu sein, ohne echten Einfluß auf das Leben einfacher Männer und Frauen.

Der erste Punkt auf der humanistischen Tagesordnung bleibt die öffentliche Bildung, die die Fähigkeiten kritischer Intelligenz, der Logik und wissenschaftlicher Forschungsmethoden entwickelt. Wir müssen in der ganzen Bevölkerung eine Wertschätzung für die Wichtigkeit rationaler Forschungs- und Denkfähigkeiten erwecken. Dies schließt eine Erklärung der wirkungsvollsten Methoden für die Bewertung von Wahrheitsansprüchen ein - sie nach den Beweisen zu beurteilen, sie im Lichte ihrer logischen Beziehungen und unter Bezugnahme auf die ihnen eigenen Konsequenzen zu prüfen. Manchmal wird sie die "hypothetisch-deduktive Methode" genannt, sie wird erfolgreich in der Wissenschaft angewandt. Wie ich schon angedeutet habe, beinhaltet das, gegenüber ungelösten Fragen offen zu sein, sowie einige Elemente des Skeptizismus bezüglich Ansprüchen, die nicht objektiv erhärtet wurden. Es bedeutet, daß wir unsere Glaubenssysteme als zu erprobende Hypothesen ansehen sollten, die, bis sie bestätigt worden sind, revidiert werden können. Glücklicherweise ist kritische Intelligenz der menschlichen Rasse nichts Fremdes; sie wird im einfachen Leben als Mechanismus für den Umgang mit Problemen des Lebens benutzt. Sie ist äußerst praktisch; keiner kann sie völlig aufgeben, wenn er in der wirklichen Welt funktionieren soll. Jeder muß in kognitiver Beziehung zur Wirklichkeit bleiben und alle verfügbaren Mittel bewerten, um zu unseren Zielen zu gelangen; wir müssen auch unseren Glauben beurteilen, wie er sich in der Praxis bewährt. Meiner Meinung nach ist Wissenschaft nur eine sorgfältigere Ausarbeitung der einfachen Formen des gesunden Menschenverstandes.

Die Entwicklung der Fähigkeit zu kritischer Intelligenz ist zumindest in zweierlei Hinsicht wichtig: (1) Sie versetzt uns in die Lage, zu verstehen, wie die Welt, in der wir leben und uns verhalten, funktioniert, und (2) kann sie uns helfen, richtige Entscheidungen zu treffen. Die große Herausforderung der direkten Zukunft ist es, die Methoden kritischer Analyse von eng begrenzten Bereichen des Wissens auf alle Aspekte des Denkens und Handelns auszudehnen, und sie vor allem für die Bewertung der Ansprüche der Religion zu benutzen sowie für die Verlegenheiten, in denen wir uns in den ethischen und politischen Bereichen befinden. Es ist nicht nur unsere Aufgabe, Studenten in spezialisierten Disziplinen für Berufe auszubilden, sondern zu versuchen, sie auch dahin zu bringen, ihre intellektuellen Fähigkeiten in anderen Bereichen einzusetzen.

Bildung kann jedoch nicht nur auf Schulen beschränkt bleiben. Tatsächlich sollte es eine Aufgabe aller Institutionen (wirtschaftlichen, politischen, sozialen usw.) der Gesellschaft sein, zu helfen, eine Wertschätzung für rationale Forschung zu kultivieren und der allgemeinen Öffentlichkeit durch Wort und Tat die Wichtigkeit dieser Methoden bei der Förderung der Suche nach Wissen zu vermitteln. Die Massenmedien haben die Schulen als Vermittlungsorgan ergänzt und in einigen Aspekten ersetzt. Deshalb ist es wichtig zu versuchen, kritischen Dissens in die Medien zu bringen sowie eine Wertschätzung für alternative Ansichten, und zu versuchen, die Qualität des Geschmacks und des Urteilsvermögens zu verbessern. Wir müssen uns um hohe Qualität bei Zeitungs- und Magazinartikeln bemühen, bei der Veröffentlichung von Büchern, der Produktion von Filmen, Radio- und Fernsehprogrammen. Obwohl die Medien auch zur Unterhaltung dienen, sind die Produzenten und Herausgeber dafür verantwortlich, die Öffentlichkeit gut zu informieren. Die vulgären Banalitäten des Sensationsjournalismus der Medien sollten nicht verhallen, ohne in Frage gestellt zu werden.

Es ist klar: Wenn Bürger in der modernen Welt leben und funktionieren sollen, müssen sie sich mit der zunehmenden Menge an Informationen auf der Höhe halten. Sie müssen die Ergebnisse der Wissenschaft im allgemeinen würdigen. Obgleich Leute für bestimmte Berufslaufbahnen ausgebildet werden müssen, ist es notwendig, darüber hinaus die rationale Kraft des Denkens zu kultivieren. Die beste Therapie gegen Unsinn ist kritische Intelligenz. Skeptizismus ist daher eine wichtige Geisteshaltung, um in der Öffentlichkeit ein Gegenmittel für Leichtgläubigkeit zu kultivieren. Humanisten sollten ihre Mitmenschen zum Studium der Methoden der Logik, der Klärung von Ideen und der Fähigkeit, zu zuverlässigem Wissen zu gelangen, ermuntern.

Bildung ist ein fortlaufender Prozeß. Sie muß sich an Junge genauso wie an Alte wenden, sie lehren wie man denkt, und unabhängiges Denken stimulieren. Ist der Versuch, das Niveau intelligenter Diskussionen in der Gesellschaft anzuheben, eine hoffnungsvolle Aufgabe? Ich denke nicht. Wir sollten nicht die Fähigkeiten einfacher Männer und Frauen, schwierige Probleme zu verstehen und damit umzugehen, verunglimpfen. Eine Demokratie setzt eine informierte Bürgerschaft für ihr Funktionieren als notwendig voraus. Auf jeden Fall ist der primäre Grenzbereich für die humanistische Bewegung die Vollendung und Verteidigung kritischer Forschung in der Gesellschaft im allgemeinen.

Eine Religionskritik

Die Methoden der kritischen Intelligenz sollten nicht als intellektuelle Fähigkeit angesehen werden, die nur durch eine technokratische Elite in Spezialgebieten angewandt wird. Sie kann in allen Lebensbereichen gebraucht werden. Vor allem kann sie für die Untersuchung der Religionsansprüche eingesetzt werden. Religionskritik ist jedoch eine empfindliche Angelegenheit. Viele Humanisten zögern, religiöse Glauben und Praktiken anderer in der Gemeinschaft zu kritisieren. "Warum können wir nicht in Frieden und Harmonie zusammenleben?" fragen sie. "Warum sollte man nicht eine Art ökumenischen Verstehens suchen? Wenn Religionsvertreter Freidenkern das Recht auf Dissens einräumen, ist das alles, was wir wollen. Wir sollten jeglichen Angriff auf ihren Glauben und ihre Werte vermeiden." Religionskritik wird als angemessen für einen dörflerischen Atheisten angesehen, aber als Geschmacksverirrung in der humanistischen Gemeinschaft.

Nun, Toleranz ist sicherlich eine humanistische Grundtugend. Wir möchten nicht die Weltanschauungen und Werte derjenigen in der Gesellschaft unterdrücken, mit denen wir nicht übereinstimmen, solange sie nicht gegenüber den Rechten anderer destruktiv sind. Wir müssen leben und leben lassen, Pluralität und Dissens respektieren. Zugegeben, dies sollte jedoch nicht jedem garantieren, daß er von Kritik befreit ist. Im Gegenteil, säkulare Humanisten haben eine Verpflichtung dazu, religiöse Glaubenssysteme, die in der Gesellschaft vorherrschen, einer intensiven Untersuchung auszusetzen. Dies mag gefährlich sein, vor allem, da die

Kritik am religiösen Glauben eines anderen als persönlicher Angriff gewertet werden kann. Die Identität eines Menschen wird oft durch seine Erziehung und Ausbildung bestimmt. Religion kann seinem Herzen so nahe sein wie die Sprache, die er spricht, und die Gebräuche, die er bei seinen Eltern auf dem Schoß gelernt hat. Religion ist so mit der ethnischen Zugehörigkeit verflochten, daß eine Kritik des religiösen Glaubens und der Praktiken einer Person als Bedrohung des Kerns seines Ichs empfunden werden kann. Dies ist bedauerlich, denn der Glauben oder die Praktiken eines einzelnen oder einer Gruppe zu kritisieren, muß nicht Vorurteile oder Haß gegenüber dieser Person oder Gruppe bedeuten.

Haben wir nicht eine höhere Verpflichtung, die Wahrheit zu suchen und andere Leute an konstruktiver Kritik zu beteiligen, vielleicht zu ihrer Selbstprüfung beizutragen und sogar zur Aufhebung der Bekehrung? Warum sollte man nicht Gläubige überzeugen, Humanisten zu werden? Die meisten der großen Religionen der Welt haben Anhänger für ihre Doktrinen geworben, und sie sind nicht zurückhaltend in ihrer Kritik an Religionen, mit denen sie im Wettbewerb stehen. Sie zögern auch nicht, Atheismus, Agnostizismus oder Humanismus anzugreifen. Wenn schon nicht aus anderen Gründen, so müssen Humanisten zumindest zur Selbstverteidigung auf die Angriffe reagieren. Die bekannte Litanei des Theismus ist, daß Unglaube schlecht ist; diejenigen, denen der religiöse Glaube fehlt, werden sogar beschuldigt, unloyal und unpatriotisch zu sein. Deshalb müssen sich Humanisten dadurch schützen, daß sie die Prämissen ihrer Kritiker untersuchen. Fundamentalisten und Konservative behaupten, daß säkularer Humanismus eine gefährliche Kraft der modernen Welt ist, und sie machen den humanistischen Einfluß fälschlicherweise für die Unmoral der jungen Leute und den Zusammenbruch der Gesellschaft verantwortlich. Ohne einen Glauben an Gott, jammern sie, ist alles verloren. Das Leben hat keinen Sinn. Die Gesellschaft ist korrupt.

Ihre falsche Anklage des Humanismus basiert auf der fragwürdigen Offenbarungstradition - ob sie nun auf die Bibel, den Koran, das Buch der Mormonen oder andere heilige Literatur zurückzuführen ist. Sie fordern die Befolgung antiker Glaubensrichtungen als einziges Bollwerk gegen die Einflüsse des verdächtigen Modernismus. Sie sind gegenüber wissenschaftlichen Methoden immun und unwissend bezüglich höherer Regionen der humanistischen Eupraxophie.

Daher müssen wir fragen: Sagt die Bibel die Wahrheit? Sollte sie als das Wort Gottes angesehen werden? Gibt es Gott? Muß Moral von Religion abgeleitet werden? Insbesondere während der letzten zweihundert Jahre sind kritische Methoden der Forschung auf die heiligen Bücher der Religionen angewandt worden. Diese Bücher sollten von Menschen als Dokumente gelesen werden, denn sie sind nicht immun gegenüber kritischer Untersuchung. Wenn wir sie sorgfältig untersuchen, finden wir heraus, daß die Ansprüche bezüglich der Offenbarungen höchst fragwürdig sind, so wie die moralischen oder politischen Imperative, die von ihnen abgeleitet wurden. Im Namen Gottes wurden sich widersprechende Gebote abgeleitet. Sie wurden benutzt, um Sklaverei, die göttlichen Rechte von Königen, Imperialismus, Rassismus, Sexismus und sexuelle Unterdrückung zu tolerieren oder zu entschuldigen. Das muß einmal gesagt werden.

Es gibt einen starken freidenkerischen, atheistischen und rationalistischen Aspekt des Humanismus, der meiner Meinung nach nicht verschwiegen werden sollte. Lassen Sie uns bedenkenlos offen sein. Wir finden ungenügende Beweise für die Behauptungen der Propheten einer göttlichen Offenbarung, einer wiederauferstandenen Gottheit, Himmel, Hölle, Engel und Teufel. Treffen wir diese Feststellung ohne Zweideutigkeit, und lassen Sie uns versuchen, die Gesellschaft ganz allgemein davon zu überzeugen, daß Skeptizismus eine wichtige Haltung ist. Wir haben die Argumente, die für Gott angeführt wurden, untersucht und finden, daß sie nicht überzeugend sind. Die sogenannten deduktiven Beweise sind irreführend, die Appelle an "mystische Erfahrung" ungenügend, das Argument, daß Religion pragmatisch zu gebrauchen ist, ist fraglich. Die Tatsache, daß ein paar Leute es wertvoll finden, "wiedergeboren" zu werden, sagt uns etwas über ihre Psyche aus; es beweist nicht die Existenz eines Gottes. *Ein wesentliches Element des säkularen Humanismus ist daher negative Kritik, nicht nur an den heiligen Kühen der vorherrschenden religiösen Orthodoxien, sondern auch an anderen irrationalen Behauptungen, die in der Öffentlichkeit gemacht werden.* Mit dem Zusammenbruch der antiken Kulte kommen neuere okkulte und paranormale Kulte zum Vorschein, und auch diese verdienen kritische Untersuchung. Wir müssen uns nicht dafür entschuldigen, daß wir die wissenschaftliche Weltsicht verteidigen. Wir können uns bezüglich Reinkarnation, außerkörperlicher Erfahrung, Unsterblichkeit, Präkognition, Levitation, Psychokinese und UFOs offen verhalten. Bis jedoch genügend

Beweise vorliegen, die diese Behauptungen unterstützen, bleiben wir skeptisch. Daher gehen Humanismus und Skeptizismus Hand in Hand.

Atheismus und Skeptizismus werden in bestimmten gesellschaftlichen Zusammenhängen als besonders gefährlich angesehen. Wahre Gläubige greifen diejenigen schwer an, die ihnen ihre Träume zerstören. Der Ketzer, der Ungläubige oder Abtrünnige erzeugen heftige Feindseligkeit; aufgestauter emotioneller Zorn verlangt, sie zum Schweigen zu bringen. Zum Glück haben wir ein Stadium in der Entwicklung der menschlichen Kultur erreicht, wo Dissens toleriert wird. Wir sollten niemals eine Intoleranz gegen eine andere austauschen; wir sollten uns auch nicht über alternative Glaubenszustände mokieren oder lustig machen, obgleich wir sie fair kritisieren sollten. Tatsächlich ist eine Art radikaler Kritik wesentlich für das Lebensblut einer dynamischen und kreativen Gesellschaft. Dies trifft ebenso auf das Bloßstellen moralischer Heuchelei und auf politisches Versagen zu. Ohne ein kritisches Geben und Nehmen im Reiche der Ideen beginnt der Fortschritt zu erschlaffen. Leider wird sogar dort, wo moralische und ideologische Kritik toleriert wird, Kritik an religiösen Idealen und Institutionen nicht leicht ertragen; sie wird oft als gotteslästerlich verdammt. Der Humanismus muß jedoch in einen konstruktiven Dialog über die Behauptungen der Religion treten: in der Öffentlichkeit, in offenen Foren, durch Publikationen, Bücher und die Medien.

Ethische Erziehung

Bis jetzt haben wir uns mit dem Reich der Ideen beschäftigt. Aber um die Grenzen für eine neue Eupraxophie auszuweiten, müssen wir über die negative Kritik hinausgehen und positive Alternativen anbieten. Ein Grund für die Erfolglosigkeit des Atheismus ist, daß er überwiegend destruktiv gewesen ist. Er bemüht sich, die von Männern und Frauen angebeteten falschen Idole in Scherben zu schlagen sowie Falschheit und Heuchelei bloßzustellen; aber er hat die alten Glaubenssysteme nicht durch positive Optionen ersetzt. Er hat nicht den Hunger nach Imagination und Dichtung gestillt. Der Atheismus hat der Gesellschaft nicht klargemacht, daß er gewillt ist, eine verantwortungsbewußte Moral zu tragen.

Es ist klar, daß der Humanismus, wenn er sich denn für eine Sache einsetzt, für eine tiefgehende Auseinandersetzung mit der Ethik eintritt, und daß er moralische Prinzipien und Werte hochschätzt. Oft sind Humanisten so durch von autoritären Religionen aufgedrückte repressive Moralvorschriften belästigt worden, daß sie einfach nur danach trachten, die Gesellschaft aus dieser festen Umklammerung zu befreien. Humanismus wird mit moralischer Freiheit gleichgesetzt; sein Programm ist die Befreiung des einzelnen und der Gesellschaft. Aber dies wird oft von vielen Verteidigern der Gesellschaftsordnung als Beitrag zum Zusammenbruch des gesellschaftlichen Gefüges angesehen, und behauptet, daß es zu Gewalt, Kriminalität, Ausschweifung, Pornographie, Drogen und Geschlechtskrankheiten führt. Natürlich tut es das nicht. Aber Humanisten müssen verdeutlichen, daß sie, obwohl sie an moralische Freiheit glauben, gleichzeitig eine verantwortungsvolle Haltung entwickeln wollen; daß sie nicht zügellose Ausschweifung verzeihen, sondern an Mäßigung und rationale Beherrschung des Verlangens glauben. Der Unterschied zwischen den beiden unterschiedlichen Moralauffassungen ist offensichtlich: (1) Transzendentale theistische Moralsysteme bieten absolute Gebote an, und sie konzentrieren sich auf eine Moral des Gehorsams gegenüber Gott, um das Heil zu erlangen. (2) Auf der anderen Seite konzentriert sich humanistische Ethik auf das Glück im Hier und Jetzt und möchte kritische Intelligenz zum Umgang mit Problemen benutzen oder moralische Entscheidungen treffen.

Wenn Humanismus irgendeine länger anhaltende Wirkung auf die Gesellschaft haben soll, muß er moralische Wahrnehmung durch ethische Erziehung kultivieren. Dieser Teil des Programms hängt von den Schulen ab. Welche ethischen Prinzipien und Werte sollte der Humanismus versuchen zu lehren?

Das erste sind Charakterfragen. Die Entwicklung der sittlichen Gesinnung und der Qualitäten der Wahrheit, Ehrlichkeit, Zuverlässigkeit, Ergebenheit, Sittsamkeit usw. Als zweites, und nicht weniger wichtig, kommt die Kultivierung einer leidenschaftlichen Achtung für die Bedürfnisse anderer: wohltätig zu sein, Achtung anderer, einfühlsam sein, freundlich und rücksichtsvoll sein, gutwillig sein; nicht wissentlich anderen Menschen oder ihrem Eigentum Schaden zufügen, fair und tolerant sein. Für die Entwicklung des Charakters ist kein Glaube an Gott notwendig: Konfuzius und Aristoteles haben an diese Tugenden geglaubt, ohne eine Theologie zu konstruieren. Praktisch alle menschlichen Gemeinschaften haben einige moralische Prinzipien nötig; denn sie erkennen, daß Regeln der Höflichkeit unser Verhalten leiten müssen, wenn wir in Frieden und Harmonie zusammenleben wollen. Ich habe sie die "allgemeinen moralischen Anständigkeiten" genannt. Sie sind Teil des Erbes der Menschheit; sie haben ihre Wurzeln in unserer Natur als soziobiologische Tiere; sie sind ein Ergebnis einer allgemeinen historischen Entwicklung in der menschlichen Zivilisation. Theisten und Nichttheisten teilen sich diese Prinzipien in gleicher Weise. Man muß nicht an Gott glauben, um einfühlsam oder tolerant zu sein, obgleich Religionen danach gestrebt haben, einige - aber vielleicht nicht alle - moralischen Anständigkeiten durch Anwendung göttlicher Strafen für die, die sich darüber lustig machen, durchzusetzen.

Humanistische ethische Schulung möchte auch eine Reihe an Werten für Kinder entwickeln, von denen Selbständigkeit, Unabhängigkeit, Selbstvertrauen und Beherrschung nicht die unwichtigsten sind. Wir möchten verantwortungsvolle Erwachsene entwickeln, die in der Lage sind, ihre Zukunft selber zu bestimmen - nicht stumpfe Automaten, sondern geistesgegenwärtige, kreative und intelligente menschliche Wesen. Darüber hinaus streben wir die Entwicklung einer hohen Wertschätzung demokratischer Werte in einer modernen Welt an: gemeinsame Gestaltung von Entscheidungsprozessen und Zulassung abweichender Meinungen innerhalb der Gemeinschaft.

Zu guter Letzt wird eine der postmodernen Welt angemessene ethische Erziehung die Fähigkeiten der Kognition, das heißt, der praktischen Weisheit, entwickeln. Das ist mehr als nur Moralerziehung oder Indoktrination. Wir möchten Kindern beibringen, wie man willentlich nachdenkt (reflektiert), wie man weise Entscheidungen trifft und kritisch-rational forscht. Der Bereich der medizinischen Ethik zeigt uns deutlich, daß uralte Moralregeln den Menschen mit vielen Problemen alleinlassen und uns nicht sagen, was wir tun sollten. Wir könnten gezwungen sein, neu bearbeitete ethische Prinzipien wie die aufgeklärte Zustimmung und die Lebensqualität in die medizinische Ethik einzuführen, um uns zu helfen, weise Entscheidungen zu treffen.

Ethische Erziehung geht davon aus, daß Menschen zu moralischem Wachstum fähig sind. Sie will keinen reinen Gehorsam gegenüber Absolutem nach den Aussprüchen Gottes durchsetzen. Stattdessen versucht sie, nachdenkliche, rücksichtsvolle, anständige, leidenschaftliche Menschen zu entwickeln, die sich nach Überlegungen ihres moralischen Gewissens und als humane Individuen handelnd in die Gemeinschaft einbringen, deren Teil sie sind.

Unglücklicherweise wird in vielen Kulturen Moral als zur religiösen Tradition gehörend angesehen. Humanistische Eltern, die gern aufrechte Kinder erziehen möchten, können sich nirgends hinwenden. Eltern, die sonst den Ansprüchen der Religion skeptisch gegenüberstehen, fühlen verzweifelt eine Verpflichtung, für ihre Kinder Moralunterricht zu bekommen; und so kann es passieren, daß sie sich an Sonntagsschulklassen in Kirchen oder Tempeln wenden, um ihn zu erhalten.

Humanisten können Anleitungen zur Entwicklung neuer Programme ethischer Erziehung geben, aber von solchen, die aus humanistischer Perspektive gelehrt werden. Ethische Erziehung sollte natürlich in erster Linie in der Familie stattfinden. Durch Liebe, Einfühlsamkeit und ständige Hingabe können wir in unseren Kindern und Enkeln die Kunst heranbilden, gute, nachdenkliche und verantwortungsbewußte Personen zu sein. Ethische Erziehung sollte auch in öffentlichen Schulen gelehrt werden; oft wird jedoch diese Art Erziehung von sektiererischen Religionsvertretern bedroht, insbesondere wo das, was gelehrt werden soll, einer ständigen Kontroverse ausgesetzt ist. Konservative bestehen darauf, daß wir unseren Kindern Lesen, Schreiben und Rechnen beibringen sollen. Warum nicht auch moralischen Anstand? Sicherlich, ganz gleich, welches unsere religiösen Verbindungen auch sind, wir haben einen Kern von moralischen Prinzipien gemeinsam. Die Angelegenheiten werden zum bitteren Streit, wenn kognitive Forschung, die eine Klärung der Werte beinhaltet, eingeführt wird. Einige Eltern fürchten die Autonomie der Entscheidung oder ein unabhängiges Denken bei ihren Kindern. Sie möchten, daß ihre Kinder ihren Richtlinien folgen und nicht von dem Glauben ihrer Väter abweichen. Sie haben Angst, daß ihre Kinder ihre Ansichten über Sexualmoral, Abtreibung oder Euthanasie verwerfen könnten, und daß Kinder anderer rassischer oder ethnischer Abstammung Werte hervorbringen könnten, die mit ihren nicht übereinstimmen. Der Humanist antwortet, daß Kinder ein Recht auf Wissen haben und ein Recht darauf, ihre eigenen Vorstellungen über ein gutes Leben zu entwickeln, sogar wenn ihre Eltern damit nicht einverstanden sind. Humanisten sollten betonen, daß die Ermutigung der Kinder zum eigenständigen Denken nicht unbedingt zu Meuterei oder Perversion führt. Es gibt einen Fundus kollektiver ethischer Weisheit als Erbe der Zivilisation, und Kinder und junge Erwachsene sollten nicht der Möglichkeit beraubt werden, von diesen Formen der kulturellen Bereicherung zu lernen.

Im Hinblick auf die Realitäten der politischen Lage in einigen Gesellschaften, wo Religion noch eine machtvolle Kraft ist, müssen wir alternative Institutionen entwickeln, in denen ethische Erziehung für jung und alt praktiziert wird. So kommen wir zu der eigenständigsten neuen Richtung, die der Humanismus einschlagen muß: neu anfangen und eine völlig neue Institution bilden, eine, die als eine ihrer wichtigsten Funktionen ethische Erziehung betrachtet.

Eupraxophie-Zentren

Lassen Sie uns uns ein mögliches Szenario für die Zukunft vorstellen. Nehmen wir einmal an, daß alle Kirchen, Tempel, Synagogen, Moscheen und andere Orte religiöser Anbetung in der Welt geschlossen würden, und dadurch die Priesterklasse arbeitslos gemacht würde. Ich sage nicht, daß das passiert - ich trete auch nicht dafür ein, daß das passieren sollte - obgleich viele Atheisten, Freidenker und Agnostiker dies zweifellos als eine gute Idee für den Fortschritt der Menschheit ansehen würden. Es hat Perioden in der Geschichte gegeben, in denen religiöse Gebäude zerstört wurden, wie die Verbrennung des Tempels in Jerusalem im Jahre 70 unserer Zeitrechnung durch die Römer, und die Schließung der Kirchen während der französichen und russischen Revolution, und in den letzten Jahren die Schließungen von Kirchen in westlichen Ländern wegen zu geringer Zahlen von Kirchgängern.

Was würde der Gesellschaft weltweit dadurch verloren gehen? Es würde keine Orte geben, wo sich Menschen versammeln könnten, um Gottesdienste abzuhalten und zu beten oder ihr Gefühl über das Göttliche auszudrücken, ihre Verehrung für heilige, unsichtbare und transzendente Mächte. Öffentliche Rituale und Zeremonien, die solche Frömmigkeit zeigen würden, gäbe es nicht, obgleich einige Menschen solche Praktiken irgendwo anders oder im Privaten fortsetzen würden. Wenn die Kirchen geschlossen würden, würden die Hauptlebensabschnitte - Geburt, Hochzeit, Tod, Beerdigung usw. - vielleicht nicht mehr von den religiösen Gemeinschaften in Ehren gehalten. Es würde vielleicht keinen traditionellen Rahmen - des Glaubens und Dogmas, Priesters und Glaubensbekenners - geben, um diejenigen zu unterstützen, die unter einem Unglücksfall oder einem Verlust leiden. Die theistische Antwort auf die Frage "Was ist der Sinn des Lebens?" wäre für gequälte Seelen, die ihre eigene Endlichkeit und ihr Nichtsein zu verneinen trachten, nicht mehr verfügbar. Der Glaube, daß Gott sie retten wird, wenn sie sich vorgeschriebenen Ritualen unterziehen, tröstet sie und trägt dazu bei, die Priesterklasse zu tragen. Wenn religiöse Organisationen verschwänden, gäbe es keine festgeschriebenen Lösungen für moralische Ungewißheiten, auch keine leicht erkennbaren moralischen Strukturen, an denen die Menschen sich orientieren könnten, Leitlinien, die ihnen erzählen würden, was "sündhaft oder tugendhaft," "gut oder böse," "richtig oder falsch" wäre. Religiöse Absegnungen für den Moralkodex könnten verschwinden. Es gäbe kein historisches Erbe, den Glauben der Väter, um die Mitglieder der Gemeinde zu verbinden. Es gäbe keine ethnisch-religiöse Gruppe, mit der sie sich identifizieren könnten. Die historische Entwicklung des Hauses der Anbetung spielte eine mächtige Rolle in der menschlichen Kultur. Kein Zweifel, daß sich die Idee langsam in der menschlichen Kultur entwickelte, daß ein Feld oder ein Ort, wenn sie geweiht worden waren, danach geheiligt war; etwas Analoges findet man in den meisten transzendentalen Religionen. Darüber hinaus gab der Gedanke, daß ein Kader von Berufspriestern die geheiligten Mysterien schützen und sie für die anderen interpretierten würde, dieser Klasse große Macht; denn sie hielten die Schlüssel zur Ewigkeit in ihren Händen und waren die Lieferanten der Rituale, die die Lossprechung oder Erlösung sicherstellten. In klassischen Zivilisationen gehörten die heidnischen Tempel zu den schönsten des Zeitalters. Im mittelalterlichen Europa ragten die Türme der Kathedralen bis in den Himmel und beherrschten alle anderen Gebäude, gaben der Herrlichkeit Gottes und der Ergebenheit der Menschen ihm gegenüber Ausdruck. In muslimischen Ländern waren die Moscheen die Juwelen in der Krone.

In vielen Kulturen statteten sich die Herrscher mit Göttlichkeit aus - wie in Ägypten, Rom, China und Japan. Die großen Pyramiden der Pharaonen von Ägypten wurden gebaut, um ihr ewiges Leben sicherzustellen, waren typisch für die Vereinigung der religiösen und der säkularen Macht. Oft setzte eine ganze Kultur ihre Energie für die Schaffung grandioser Monumente der Herrlichkeit ein, die die Menschen vergötterten und die Götter ehrten.

Diese Symbole der religiös-politischen Macht sind für den postmodernen Menschen nicht länger haltbar und werden jetzt als das angesehen, was sie sind: Schöpfungen von Menschen, die errichtet wurden, um den gemeinen Menschen in heiliger Scheu oder Furcht vor der adeligen herrschenden Klasse zu halten, die die Mysterien ihrer Ämter benutzten, um ihre Untertanen zu beherrschen. Erst nach dem Zweiten Weltkrieg wurde der Kaiser von Japan seiner mystischen, religiösen Aura als lebender Gott beraubt. Die Verherrlichung der politischen Macht hätte in der Vergangenheit nicht existieren können, wenn die Untertanen dem Gehorsam nicht zugestimmt hätten. Heute verwirft das Recht auf demokratische Selbstbestimmung die königlichen Machtansprüche. Die neuen Symbole des Zeitalters sind prometheisch und demokratisch: Wolkenkratzer, Hängebrücken, Düsenflugzeuge und Weltraumfahrzeuge, die Magna Charta und die Erklärung der Menschenrechte. Dies sind humanistische Symbole des Menschen, die für sein Streben stehen, die Natur zu begreifen, und dieses Wissen zum Nutzen der Allgemeinheit einzusetzen. Neue demokratische bürgerliche Tugenden haben die antiken Machtsymbole der Mächte der Welt ersetzt.

Es ist beispielsweise für den postmodernen wissenschaftlichen Humanismus nicht länger tragbar, die religiösen Symbole der Vergangenheit zu akzeptieren, Symbole, die darauf hindeuten, daß es unsichtbare Mächte gibt, die unser Schicksal beherrschen, daß die göttliche Gegenwart an den Orten der Anbetung gefühlt wird, oder daß eine selbsternannte Priesterklasse eine höhere geistige Gnade garantieren kann. Daß der Papst in Rom Gottes Stellvertreter auf Erden ist, wird ohne Zweifel noch von gläubigen Katholiken geglaubt, nur ist es für alle anderen nicht möglich, so einen Anspruch zu akzeptieren. Wir müssen den Fall nicht überbewerten; denn es gibt liberale Religionsinterpreten, die metaphysische Symbole benutzen und supernaturalistische Deutungen abgeschafft haben. Sie konzentrieren sich auf den inneren spirituellen Monolog des einzelnen statt auf eine kollektivistische Interpretation religiösen Glaubens. Dies trifft zweifellos auf die wichtigsten protestantischen Sekten zu, und außerdem auf den orthodoxen Judaismus, den Katholizismus, den Islam oder Hinduismus. Einige liberale Religionsvertreter verwerfen die Idee sorglosen Gehorsams, und sie revoltieren gegen jegliche autoritäre seelsorgerische Klasse. Sie verwerfen jegliches festgeschriebene Glaubensbekenntnis oder jegliche Doktrin. Sie betrachten es als ihr Recht, ihre eigenen Pastoren auszuwählen und sie zu entlassen, wenn sie nicht ihren Anforderungen genügen. Trotzdem halten sie viel vom äußeren Prunk der Religion, einschließlich dem Haus der Andacht.

Haben Kirchen oder Tempel, wenn sie entmystfiziert sind, noch eine Funktion zu erfüllen? Man denkt sofort an die Kirchen der Unitarian Universalist Association und andere liberale Konfessionen, die ein niedriges dogmatisches oder rituelles Niveau haben und weitgehend entmythologisiert sind. Welche Funktionen unterstützen sie?

Sollten säkulare Humanisten Zentren bilden? Benötigen sie Gebäude? Müssen Menschen, die die Religion völlig ablehnen, besondere Orte schaffen, wo sie sich versammeln und treffen können? Wenn ja, was würden sie dort machen? Legt dies nahe, daß der nichtreligiöse säkulare Humanismus die Religion nachäffen würde? Ein strammer Atheist würde die Notwendigkeit für ein Zentrum abstreiten. Er ist so sehr gegen die verderblichen Wirkungen der dogmatischen Religion eingestellt, daß er keine analogen Institutionen schaffen möchte. Er sieht keinen Sinn in Gebet oder Ritual. Es gibt keinen Bedarf für Kleriker. Warum sollte man den Aberglauben der Vergangenheit verewigen? Warum sollte man säkulare humanistische Zentren oder Gebäude bauen?

Es gibt einige gute Punkte bei seiner Argumentation: Laßt uns einen klaren Bruch mit der Religion vollziehen, die unter falschen Prämissen gegründet wurde; laßt uns neu anfangen und neue Wege gehen. Trotzdem, einige Bedürfnisse der Menschen wollen befriedigt werden. Ich meine, daß, wenn die humanistische Eupraxophie eine effektive und anhaltende gesellschaftliche Kraft sein soll, sie das nur erreichen kann, wenn sie Institutionen schafft, die einige dieser Bedürfnisse befriedigt. Um direkt auf den Punkt zu kommen: Es gibt für Säkularisten und Freidenker, die den religiösen Glauben verlassen haben, keine angemessenen gesellschaftlichen Mechanismen, um mit einer Anzahl menschlicher Bedürfnisse umzugehen, die immer vorhanden sind. Meiner Meinung nach müssen wir neue Institutionen in der postmodernen Gesellschaft gründen, die diese Aufgaben wahrnehmen. Welche sind diese Bedürfnisse?

Das Bedürfnis nach Weisheit

Wissenschaft und Philosophie. Es gibt Bedarf an einer Institution in der Gesellschaft, die etwas Weisheit ins Leben bringt. Ihre erste Aufgabe wird es sein, die verschiedenen Wissensstränge zu einem zusammenhängenden Ganzen zu verflechten. Mit anderen Worten, wir können Eupraxophie-Zentren schaffen, die das, was wir über die Natur und das Leben der Menschen wissen, zu verständlichen Aussagen formulieren. Derartige Zentren werden sich mit den Grenzen der Wisenschaft und Technologie befassen und sich bemühen, die Ergebnisse zu erklären und ein Gefühl des kreativen Abenteuers der Lehre zu vermitteln. Viele gesellschaftliche und kulturelle Institutionen versuchen heute, Wissenschaft und Technologie für die Öffentlichkeit verständlich zu machen. Die öffentlichen Schulen, Colleges und Universitäten geben Kurse und Lehrpläne über verschiedene Aspekte der Wissenschaft. Eine große Anzahl wissenschaftlicher Journale und Bücher werden jedes Jahr veröffentlicht; Wissenschaftsmuseen und Planetarien stellen die Welt der Wissenschaft dar. Nun, wenn Wissenschaft die gewagteste neue revolutionäre Kraft der modernen Welt ist, kann es niemals zuviel Wissenschaftsbildung geben. Daher ist es die erste Aufgabe der Eupraxophie-Zentren, die wissenschaftliche Weltsicht den Nichtfachleuten und der Öffentlichkeit populär und verständlich darzustellen.

Die Philosophie kann für dieses Unterfangen ebenfalls mobilisiert werden, weil der Wissenschaftsphilosoph dadurch, daß er eng mit Wissenschaftlern zusammenarbeitet, häufig fähig ist, technische, wissenschaftliche Konzepte in eine verständliche Sprache umzusetzen. Wir können aber auch Kunst und Musik benutzen, um das darzustellen, was wir über die Natur gelernt haben. Wahrscheinlich wird die beredte Darstellung der wissenschaftlichen Welt im Planetarium-Museum gefunden, das Bilder als Mittel einsetzt, um das Universum graphisch abzubilden, das die Astronomie und andere Wissenschaften studieren. Hier wird das, was man sich früher als göttliche Mysterien vorstellte, in naturalistische kausale Erklärungen umgesetzt. Auf diese Weise können wir einiges an Wertschätzung für die wissenschaftliche Reise ins Unbekannte vermitteln. Humanismus ist in seinem Ausblick kosmisch, und Wissenschaft ist der Schlüssel für das Verständnis des Universums. Wissenschaft sollte jedoch nicht rein kognitiv präsentiert werden. Ihre Fakten können unter

Zuhilfenahme aller Techniken der modernen Literatur und Kunst zusammen mit der Wissenschaft dargestellt werden, um die Schauspiele der Natur, die die Wissenschaft enthüllt, zu beschreiben. Musik und Rhythmus, Malerei und Poesie können die Begleiter der natürlichen Ordnung sein und die höchsten Sehnsüchte der Menschen ausdrücken: den Kampf um Wahrheit und unser heldenhaftes Bemühen, die Tiefen des Seins auszuloten.

Kritik an der Religion. Derartige Zentren würden religiöse Interpretationen der Wirklichkeit verwerfen. Sie würden dieses mit gutem Grund tun, sie können jedoch genau erklären, warum Humanisten nicht an Gott glauben. Humanistische Eupraxophen sind einem naturalistischen Weltbild sowie humanistischen Idealen und Werten verpflichtet, jedoch müssen sie zeigen, warum der Theismus bei der Verteidigung der Gottesidee und der Unsterblichkeit der Seele versagt hat. Atheisten und Freidenkerzentren, die über die beste Literatur des Skeptizismus verfügen, existieren praktisch in den Kulturlandschaften der meisten Länder nicht. Benötigt werden Büchereien in Freidenkertradition, Magazine, Bücher, Filme und Fernsehsendungen über Unglauben. Der Wettbewerb um die Köpfe und Herzen von Männern und Frauen kann zuerst nur auf intellektueller Grundlage geschehen. Argumentation gegen Theismus und für naturalistischen Humanismus fängt mit skeptischer Kritik an. Wie ich bereits aufgezeigt habe, sind viele Humanisten höflich, und sie haben Angst davor, dem Glauben ihres Nachbarn gegenüber kritisch zu sein. Der Humanismus wird jedoch nicht wesentlich vorankommen, wenn er nicht völlig klarmacht, warum er areligiös ist. In dieser Bildungsmission werden die Säkularen Humanistischen Zentren die besten philosophischen Argumente der Vergangenheit von Carneades, Hume, Voltaire, Diderot, Nietzsche, Freud, Marx, Russell, Sartre, Dewey und anderen präsentieren. Literatur, Novellen, Dichtung, Drama und Musik sind wichtig für dieses Bemühen, wir müssen jedoch darüber hinausgehen.

Angewandtes kritisches Denken. In normativen Kategorien müssen Eupraxophie-Zentren alles tun, was sie können, um die Fähigkeiten des kritischen Denkens zu entwickeln. Man kann diese Mission nicht den öffentlichen Schulen, Colleges oder Universitäten allein überlassen, so wichtig sie auch sind. Colleges und Universitäten sind zu Supermärkten geworden, in denen Studenten eine Anzahl von verschiedenen Kursen belegen, von englischer Dichtkunst bis zur Botanik, von der Musik bis zu Leibesübungen. Studenten werden gewöhnlich mit nur wenig Führung sich selbst überlassen. Im Kursauswahlsystem sind sie oft nicht in der Lage, das Wissen, das sie erwerben, zu integrieren. Unsere pluralistische Gesellschaft vorausgesetzt, ist es immer schwieriger für die öffentlichen Schulen, Colleges oder Universitäten, zu Bildungsinstrumenten mit einem säkularen humanistischen Ausblick zu werden. Diese Schulen lehren säkulare und humanistische Themen, und sie versuchen, Kompetenz in einem großen Umfang von Gebieten zu kultivieren; sie sind jedoch nicht in der Lage, sie zu verknüpfen oder mit dem theistischen Bild von der Wirklichkeit in der Gesellschaft im allgemeinen zu konkurrieren. Wo sie dieses ausdrücklich täten, würde ohne Zweifel die Forderung aufkommen, die öffentliche Förderung einzustellen, und Konservative würden die Schulen wegen Lehrens "der Religion des säkularen Humanismus" verklagen. Es ist heute erlaubt, die Fähigkeit zu kritischem Denken zu vermitteln, solange das nicht den Status quo der Religion, der Moral und der Politik herausfordert. Wo dies ernsthaft unternommen würde, gäbe es Protestgeschrei. Entsprechend muß es einen bedeutenden Teil der Bildungsmission der Eupraxophie-Zentren ausmachen, Kurse und Lehrmaterial zur Verfügung zu stellen, so daß Studenten lernen könnten, wie man denkt und wie man objektive Methoden bei der Bewertung von Wissensbehauptungen gebraucht. Dies ist für jeden, der in einer modernen Welt leben möchte und mit den auftretenden Problemen fertig werden will, wesentlich. Man kann eine Disziplin beherrschen und auch eine Menge an Informationen aufnehmen; man verfügt jedoch über kein Verfahren, um die Wahrheitsansprüche der Religion, der Moral oder der Politik zu bewerten, außer, wenn man gelernt hat, kritisch zu denken. Daher sind intensive Studien der Forschungsmethoden wichtig. Dieses Studium sollte nicht nur rein intellektuell und von theoretischer Bedeutung sein, sondern auch eine praktische Bedeutung haben; es muß auf das Leben selber angewandt werden.

Eupraxie

Sinn des Lebens. Eupraxophie-Zentren werden sich auf Eupraxie, gute Praxis, konzentrieren müssen. Sie sollten sich mit den Fragen nach dem Sinn des Lebens beschäftigen, davon ausgehend, daß das untersuchte Leben wert ist, gelebt zu werden. Wenn ein Mensch erst einmal von der theistischen Weltsicht befreit ist, und wenn er erst einmal objektive Forschungsmethoden benutzen kann, ist es seine nächste Aufgabe, kreative Quellen für sinnvolle Äußerung zu finden. Diese Aufgabe könnte sehr wohl zentraler Einstiegspunkt für das Zentrum sein. Viele Menschen sind wie Schiffsbrüchige, verloren in einer Masse von Fehlinformationen, nicht in der Lage, einen Sinn in ihr Leben zu bringen, verunreinigt durch Verwirrung und Hoffnungslosigkeit. Nicht fähig, sich selbst zu finden oder zu entscheiden, was sie aus ihrem Leben machen wollen. Sie tappen unmotiviert und im Ungewissen darüber herum, welchen Beruf oder welche Laufbahn sie beginnen möchten oder was sie mit ihrem Leben anfangen sollen.

Der humanistische Eupraxoph hat einen Lebensentwurf angenommen. Er hat sein erstes ethisches Prinzip geklärt. Er weiß, was er im Leben am meisten schätzt. Daher kann im Mittelpunkt des Bildungsauftrages des Zentrums die Theorie und Praxis der Ethik stehen, mit besonderer Betonung der Praxis. Das Zentrum kann ein Umfeld darstellen, in dem moralische Nöte offen und ehrlich diskutiert werden können - Euthanasie, Abtreibung, Scheidung, Sexualmoral, Krieg und Frieden, die Ethik der Nuklearmacht, Rollen der Männer und Frauen, usw. Diese Fragen können ohne Dogma oder Indoktrination debattiert werden, unter Benutzung der besten kritischen Intelligenz, um die Meinungsverschiedenheiten auszutragen.

Aber das Zentrum ist mehr als das; es ist nicht nur einfach eine Schule. Es kann ein Laboratorium für gelebte Erfahrung sein. Es kann einen Rahmen für Menschen abgeben, um wirklich miteinander in Beziehung zu treten.

Ethische Erziehung. Moralunterricht für Kinder wird eine Hauptfunktion des Zentrums sein. Es muß die besten Fähigkeiten der Bildungspsychologie in den Lernprozeß bringen. Es wird sich bemühen, bei den jungen Leuten Tugend und Charaktereigenschaften zu kultivieren, Leidenschaft und Einfühlungsvermögen zu nähren, zu Autonomie und Verantwortungsbewußsein zu ermutigen, Erkenntnisfähigkeit und praktisches Denken zu entwickeln. Dies bedeutet Kurse, Projekte und Lehrer mit Fähigkeiten, die benötigt werden, um moralisches Wachstum bei jungen Menschen zu nähren. Eine nützliche Ergänzung für dieses Programm wären auch Kurse für ethische Erziehung für Eltern.

Beratung. Das Zentrum kann auch Beratungsdienste für alle Altersgruppen anbieten: Berufsberatung für diejenigen, die nach anderen Berufen ausschauen; Drogen- und Alkoholmißbrauchsberatung für diejenigen, die Hilfe zur Überwindung der Abhängigkeit brauchen; Ehe- und Sexualberatung für diejenigen, die Leiden und Schwierigkeiten haben; und nicht zuletzt Kummerberatung für diejenigen, die irgendwelche Schicksalsschläge oder den Tod eines Nahestehenden erleiden müssen. Das Zentrum sollte die besten verfügbaren professionellen Talente für seine Beratungsdienste einsetzen.

Kreative Erneuerung und Freundschaft. Diese Zentren können auch Gelegenheiten für kreative Erneuerung bieten, nicht nur intellektuell, sondern auch emotionell. Sie können dazu beitragen, Gefühle von Überzeugung und Verpflichtung wachzurütteln, das Niveau der Begeisterung und der Sehnsucht anzuheben. Einer der Zwecke des Zentrums ist es, ein Ort zu sein, wo gute Kameradschaft gedeihen kann. Das Zentrum wird somit als Unterstützungsgruppe arbeiten, das brüderliche Bande der Solidarität knüpft.

In einer massenorientierten, auf Medien ausgerichteten Gesellschaft haben die Menschen viel zu selten Gelegenheit, sich zu begegnen. Freundschaftszentren können als Gemeindezentralen dienen, wo eine breite Palette von Aktivitäten unterstützt wird: Vorlesungen, Picknicks, Wanderungen, Fahrten zu Museen und Theatern, Konzerten, Filmen und Tanz. Sie können einen Rahmen für gemeinsame Erfahrungen zwischen gleichgesinnten Freunden abgeben.

Lebensabschnittsfeiern. Für viele Freidenker ist das Begehen von Lebensabschnittsfeiern ein kontroverser Aspekt des Humanismus. Wir empfinden Festlichkeiten mit Familien und Freunden als Marksteine des Lebens: die Geburt eines Kindes; den Abschluß der Schule, des Colleges oder der Universität; die Eröffnung eines neuen Büros; die Aufnahme einer neuen Arbeit; Heirat, Geburtstage; Jubiläen; Ruhestand. Es wäre gut für Eupraxophie-Zentren, angemessen von diesen freudigen Momenten im Leben durch irgendwelche Zeremonien oder Feierlichkeiten Notiz zunehmen: mit einer Wein- und Käseparty, einem Geburtstagskuchen, der Überreichung von Geschenken, durch Gesang und Rezitation.

Gleichfalls ist es gut, wenn andere uns helfen, unseren Schmerz zu tragen: den Verlust eines Kindes oder der Eltern, einer schmerzlichen Scheidung. Erinnerungszeremonien könnten schmerzende Herzen beruhigen und etwas Trost auf wirklich naturalistische Art und Weise geben. Man macht nichts der Religion nach, wenn man ein Fest gibt, um einen freudigen Augenblick hervorzuheben oder eine Hochzeit zu feiern, oder wenn man sich zu einem bestimmten Anlaß an jemand erinnert, der gestorben ist.

Freude. In einer pluralistischen, massenorientierten und sonst religiösen Gesellschaft können auch Freidenker ihre Wertschätzung für Moraldichtung teilen. Humanistische Eupraxophie ist dem guten Leben hier und jetzt verpflichtet. Sie will freudiges und üppiges Glück erreichen und es auch ausdrücken. Zentral für humanistische Eupraxophie sollte der Humor sein: Komödianten, Humoristen, Lachen, Spaß und Spiel - das ist die schönste Frucht des Lebens. Daher würden Badepartien, Kartenspiel, Tanz und andere Aktivitäten das Zentrum bereichern, das ein Zentrum für Information und Bildung, aber auch für Unterhaltung sein sollte. Humanismus befaßt sich mit dem Gebrauch der Intelligenz für eine Zukunftsplanung, aber auch der gegenwärtige Augenblick der Erfahrung muß um seiner selbst willen genossen werden. Auf diese Art kann das Zentrum einen bescheidenen Beitrag zur Bereicherung der Lebensqualität und kreativem Vergnügen leisten. Ich bestreite nicht, daß das Zentrum ernsten Zwecken und Zielen dient, aber sicherlich gibt es noch mehr im Leben, und zum Frohsinn sollte man ruhig auch ermutigen.

Soziales Gemeinwesen. Nicht zuletzt können Eupraxophie-Zentren Orte sein, wo wir unsere Gedanken über die Einrichtung einer guten Gesellschaft und der Etablierung sozialer Gerechtigkeit diskutieren können. Dieser Aspekt ist dazu angetan, am meisten für Streit zu sorgen, und man muß aufpassen, daß das Zentrum nicht eine doktrinäre Haltung entwickelt. Im Mittelpunkt des Humanismus steht seine Achtung vor der Verschiedenheit und Einzigartigkeit. Wir werden wahrscheinlich als Menschen über eine Anzahl von Fragen unterschiedlicher Meinung sein; wir müssen dahin kommen, die persönliche Vorliebe für Überspanntheiten zwischen uns zu mögen. Wir haben gemeinsame soziale und politische Ideale - eine Verpflichtung auf die Trennung von Kirche und Staat, die demokratische Gesellschaft, die Verteidigung der Menschenrechte und bürgerlichen Freiheiten. Mitglieder in der Gemeinschaft könnten den Wunsch haben, sich für soziale Angelegenheiten in separaten Komitees zu organisieren und dafür zu arbeiten, aber es wäre närrisch von ihnen, für das gesamte körperschaftliche Zentrum sprechen zu wollen. Das Zentrum würde keine politischen Kandidaten oder politischen Programme befürworten, außer in schrecklichen Notfällen, wenn die demokratische Gesellschaft in Gefahr ist. Es sollte Freiraum für Ketzer oder Freidenker in der Politik bieten - immer im Geiste des Dialogs und der Toleranz.

Die Eupraxophen

Humanismus glaubt an Demokratie, nicht nur in der Theorie, sondern auch in der Praxis. Daher sollten diese Zentren eine Gelegenheit für partizipative Demokratie bieten. Im Gegensatz zum humanistischen Ideal stehen orthodoxe Religionen, in denen eine Priesterklasse die Regeln aufstellt, und die die Pfarrgemeindemitglieder oder Teilnehmer am Gottesdienst anhält, diese pflichtgemäß zu erfüllen. Dieses autoritäre Modell ist der gesamten ethischen Philosophie des Humanismus fremd.

Ein Wort der Warnung: Partizipative Demokratie wird nicht erfolgreich sein, wenn es keine intelligente Leitung gibt, die helfen kann, die Glaubensrichtungen und Werte herauszukristallisieren, und die der Sache etwas Richtung gibt. Daher muß ein Zentrum die Beteiligung mit einer Art effektiver, repräsentativer Leitung verbinden, jemand, der durch Wissen und Tugend qualifiziert ist.

Ich habe bestehende humanistische Organisationen gesehen, die ineffektiv darniederlagen, weil ihre freiwilligen Laien-Leiter inkompetent und nicht ausreichend dem Ziel verschrieben waren, sich stritten und gegeneinander kämpften. Vielleicht ist einiges davon für freiwillige Zusammenschlüsse, die für Konflikte anfällig sind, spezifisch. Sicherlich erleben auch andere Institutionen in der Gesellschaft innere Richtungskämpfe. Daher müßten Teilnehmer an Zentren eine intelligente Verpflichtung zur Demokratie entwickeln, ein Gefühl für faires Spiel, einen Geist der Zusammenarbeit, eine Bereitschaft, unterschiedliche Standpunkte zuzulassen, und den Wunsch, Unterschiede auszuhandeln, nachdem angemessene Dialoge geführt und debattiert wurde. Jedes Zentrum sollte verhältnismäßig autonom in seiner Selbstverwaltung sein. Es wird zwei Prinzipien verbinden müssen: (1) Partizipative Demokratie, mit deren Hilfe die Mitglieder des Zentrums ein echtes Gefühl der Zugehörigkeit haben, einen Anteil bei der Formulierung der Regeln und Praktiken des Zentrums, und ein Gefühl der Verantwortung für die Weiterentwicklung und das Wohlergehen; (2) intelligente Leitung mit genügender Kompetenz und Wissen, um effektiv sein zu können, in der Lage, eine wohlüberlegte Leitung auszuüben, fähig, die Ansichten der Mitglieder zu repräsentieren.

Wenn humanistische Eupraxophie Erfolg haben will, muß sie besondere Schulen etablieren, Leiter ausbilden und Lehrer beraten. Der beste Ausdruck, um einen humanistischen Leiter zu beschreiben, ist es, ihn einen *Eupraxophen* zu nennen, aber nur, wenn er bewiesen hat, daß er sowohl Weisheit als auch Tugend hat, und daß er fähig ist, sie zu praktizieren.

Wer sind die idealen Eupraxophen? Männer und Frauen, die kognitiv in Wissenschaft und Philosophie ausgebildet wurden, die ein Gefühl für die Geschichte haben, die über neueste Entwicklungen im Grenzbereich des Wissens informiert sind, und die zu ethischer Reflexion in der Lage sind. Sie sollten moralisch anständige, integere, vertrauenswürdige, leidenschaftliche und faire Menschen sein. Sie sollten drei Grundtugenden verkörpern: Charakter, Leidenschaft und kritische Intelligenz. Solche Individuen besitzen Werte mit vorzüglichen Leistungsmerkmalen: Sie haben ein Gefühl eigener Autonomie, sind in der Lage, verantwortungsvolle Entscheidungen zu treffen, haben Selbstbewußtsein, sind hoch motiviert in ihrem Engagement und zeigen guten Willen. Der Eupraxoph erkennt die Wichtigkeit, persönliches Glück und einen Überfluß im Leben zu erlangen; er hat jedoch auch Einfühlungsvermögen, verhält sich gegenüber der Gemeinschaft, in der er lebt, und der Weltgemeinschaft verantwortungsvoll.

Denn der Eupraxoph ist ein ethisch anständiger Mensch: mit Selbstvertrauen, doch mit Achtung vor anderen; fähig zur Selbstbeherrschung; sich seiner eigenen Interessen bewußt, trotzdem fähig, mit anderen zu leben und für Gemeinschaftsprojekte zu arbeiten. Es ist deprimierend, Humanisten zu treffen, die unangenehme Menschen sind, Individuen, die wacker religiösen Glauben verwerfen, und die beseelt davon sind, den Zustand der Menschheit zu verbessern, die aber persönlich unausstehlich sind. Dies trifft nicht nur auf Humanisten zu; andere können genauso anstößig sein. Derartige Persönlichkeiten haben die Ausstrahlung von Backpflaumen; sie sind sauertöpfisch und miesepetrig, ihren Mitmenschen gegenüber sogar schlecht gesonnen. Daher ist es wichtig, dem humanistischen Charakter Aufmerksamkeit zu zollen. Wenn Humanismus auch nur irgendetwas bedeutet, sollte er zu guten Manieren führen, und er sollte sich auf das Erziehen von intelligenten, kreativen und findigen Menschen konzentrieren, die fröhlich sind und eine positive Lebenshaltung ausstrahlen. Einige Menschen sind übermäßig negativ oder pessimistisch. Nichts scheint ihnen zu gelingen; nichts geht glatt. Wenn jemand eine defätistische Haltung hat, kann das Mißerfolg gebären. Warum sollte man nicht optimistisch sein? Da wir nur ein Leben zu leben haben, warum sollten wir es nicht genießen, so gut wir können? Zugegeben, wir können auf schwierige Probleme stoßen. Versuchen wir doch, schlechte Bedingungen zu verändern und in der Zukunft zu verbessern.

Ich möchte darauf hinweisen, daß humanistische Eupraxophen dazu fähig sein sollten, das Leben zu genießen. Sie sollten nicht durch sexuelle Unterdrückung oder ein verzerrtes Schuldgefühl geschwächt sein. Das Sexualleben kann eine schöne und erregende Quelle der Freude sein. Der Eupraxoph sollte in der Lage sein, seine Bedürfnisse und Wünsche, Gefühle und Sehnsüchte in intelligenter Harmonie auszugleichen.

Der Eupraxoph ist das Gegenteil von einem Religionsvertreter, der voll Verehrung und Gehorsam ist und auf Erlösung fixiert ist. Der Eupraxoph hat ein realistisches Gefühl für seine eigenen Kräfte und Grenzen, und er möchte Intelligenz und harte Arbeit einsetzen, um ein sinnvolles Leben für sich, seine Familie und Freunde zu schaffen und etwas zur Gemeinschaft beizutragen, wo er kann. Der Philosoph liebt analytische Weisheit, scheint jedoch unfähig zu sein, diese auf sein Leben anzuwenden. Der Wissenschaftler kennt sein Fach, und er mag es gut kennen, aber er wird deswegen nicht fähiger sein, ein gutes Leben zu führen, als ein Schuhmacher oder ein Schlosser. Wenn Humanismus erfolgreich sein soll, muß er eine Vorhut von Eupraxophen ausbilden, die die besten praktischen Tugenden und Spitzenleistungen in partizipativen demokratischen Gemeinschaften verkörpern.

Leider haben wir heute keine Schulen oder Colleges, wo Eupraxophen ausgebildet werden können. Unsere Universitäten sind zu Mega-Universitäten geworden, und unsere Colleges Ausbildungsstätten für das Berufsleben. Das frühere Ideal von einer Ausbildung in den freien Künsten wird in der zeitgenössischen Welt immer weiter zerstört. Daher müssen wir vollkommen humanistische Zentren der Ausbildung entwickeln, die auf eine ganzheitliche Ausbildung des Menschen ausgerichtet sind, und ihn von antiken Dogmen und Ängsten befreien, ihn mit Möglichkeiten der kreativen Verwirklichung und moralischen Spitzenleistung ausstatten. Vielleicht können einige Colleges und Universitäten davon überzeugt werden, zu dieser Aufgabe zurückzukehren; bis sie das tun, müssen wir humanistische Schulen etablieren, die Leute dafür ausbilden, Eupraxophen-Leiter zu sein und gewöhnliche Männer und Frauen ausbilden, damit sie den Idealen der humanistischen Eupraxophie in Wort und Tat folgen.

Praktisch gesehen mag es zunächst schwierig sein, Eupraxophen zu finden, die kompetent und sicher genug im Umgang sind, die mit theoretischem wissenschaftlichen und philosophischen Wissen und ethischer Weisheit begabt sind. Entsprechend müssen wir die Hilfe von Wissenschaftlern mobilisieren, Vorlesungen, Kurse und Seminare zu geben: Astronomen, die ein Gefühl für die Herrlichkeit des Kosmos vermitteln können; Naturwissenschaftler und Biologen, die Begeisterung für die Grenzen des Wissens in der Biosphäre vermitteln können; Sozialwissenschaftler, Verhaltensforscher und Historiker, die das gleiche in ihren Gebieten machen können; Ethikphilosophen, die fähig sind, normativen Einblick in praktische ethische Auswahl zu geben. Genauso brauchen wir die Hilfe von Freiwilligen, die sich am gemeinschaftlichen Bemühen des Zentrums beteiligen und einen Teil der Verantwortung für seinen Erfolg übernehmen.

Ich habe den Ausdruck Eupraxophie-Zentrum benutzt. Vielleicht gibt es bessere Ausdrücke. Einige Leute haben vorgeschlagen, daß sie Zentren säkularer Humanisten genannt werden sollten. Andere haben

Humanistische Freundschaftszentren vorgeschlagen, weil sich dort Menschen auf geselliger Basis versammeln können. Wieder andere wünschten, sie Humanistische Gemeinschaften, Humanistische Gesellschaften oder Humanistische Gruppen zu nennen. Vielleicht vermittelt keiner dieser Ausdrücke vollkommen das Beabsichtigte. Lassen Sie mich einige Alternativen vorschlagen: Humanistische Eupraxophie-Zentren, Zentren kreativer Erneuerung, Lebenssinnzentren. Hier ein Vorschlag zum Ergötzen: Warum nicht Eupraxotheken, was "Orte wo Eupraxophie ist", bedeutet, wie Discothek (wo Musik gehört wird) und Bibliothek (ein Ort für Bücher).

Was ich vorgeschlagen habe, ist ehrgeizig. Kein Zweifel, große Investitionen an Geld und Zeit werden nötig sein. Aber ich meine, wenn Humanismus voll wirksam sein soll, wird er ehrgeizige Arbeitsmodelle im großen Maßstab schaffen müssen.

Jenseits ethnischer Zugehörigkeit

Die letzte Frage, die ich ansprechen möchte, ist vielleicht die wichtigste. Ist es möglich, eine neue *Identität* zu entwickeln, eine, die über die einseitigen Loyalitäten der ethnischen Zugehörigkeit, der Nationalität, Rasse oder Religion hinausgeht? Eine dauerhafte Eigenschaft der religiösen Bindungen der Vergangenheit ist, daß sie den Menschen an ein ethisches Erbe band. Man kann nicht sorglos mit der ethnischen Bindung herumspielen. Historisch gesehen waren Götter Stammesgötter. Jede Sippe, Stadt oder Nation hatte ihre eigene Religion. Glaube an die heiligen Gottheiten wurde beinahe wie durch Osmose auf jeden innerhalb der territorealen Gruppe Lebenden übertragen. Die Zigeuner und die Juden konnten sich über Grenzen hinaus bewegen, waren jedoch festgefügte, blutsverwandte Gruppen, in denen die Heirat mit Außenstehenden verpönt war.

Religionen legen die Existenz einer Person fest; aber dies ist größtenteils eine Frage der Geburt. Ich übertreibe in diesem Fall sicherlich; denn es hat Massenbekehrungen gegeben, und es hat immer einige Heiraten über die Grenzen hinweg gegeben. Trotzdem, das Lernen einer Religion ist wie das Lernen einer Sprache, das Aufnehmen kultureller Normen und Werte der gesellschaftlichen Gruppe. Die Welt ist heute in widerstreitende religiöse Volksgruppen geteilt; man kann ein irischer Katholik sein, ein schottisch-irischer Protestant, ein norwegischer Lutheraner, ein sephardischer Jude, ein sunnitischer muslimischer Türke, ein schiitischer muslimischer Iraner oder ein indischer Hindu. Die ethnische Abstammung eines Menschen gibt seinem Leben Sinn und Identität. Der religiöse Glaube der Eltern, Großeltern und Urgroßeltern wird liebevoll an die Enkel weitergegeben, und diese Kindheitserinnerungen sind in ihrem Bewußtsein wichtig. Einige Religionen überqueren heute nationale Grenzen. Trotzdem ist es wichtig für die Klasseneinteilung, ob man ein römischer Katholik, ein Jude oder ein Protestant ist. Viele Leute sehen ihre ethnische Zugehörigkeit als bedeutungsvoll an; bestimmte qualitative Werte veeinflussen das Selbstverständnis einer Person und binden die Gemeinschaft an eine Tradition. Insgesamt gesehen gibt die ethnische Stammesreligion tiefe historische Wurzeln für den Glauben und die Werte einer Person.

Das Ganze ist etwas willkürlich, denn ethnische Abstammung hängt vom Zufall der Geburt ab, von der Weltgegend und der Erziehung. Kinder werden in einer religiösen Tradition ohne ihre Zustimmung indoktriniert. Sie können bei ihrer Geburt getauft und im Laufe der Pubertät konfirmiert worden sein, und wenn ihre Eltern während ihrer gesamten Entwicklungsjahre religiös waren, ist ihnen ihre Religion durch Übung und Ausübung in Fleisch und Blut übergegangen. Für die meisten Menschen ist religiöser Glaube keine Angelegenheit des freien Bewußtseins, obgleich später im Leben einige tapfere Dissidenten entschieden mit ihrer Religion brechen und sich einen neuen Glauben aneignen. Aber wenn diese Menschen in anderen Gebieten der Welt geboren wären, hätten sie von vornherein eine andere Religion.

Die enge Identifikation von Religion mit ethnischer Zugehörigkeit hat ihre negativen Züge. Sie kann der Grund dafür sein, daß sich Menschen feindlich gegenüberstehen; sie kann Engstirnigkeit hervorrufen. Für Orthodoxe ist die Heirat außerhalb ihrer religiösen Sippe verboten, und diejenigen, die dieses Verbot brechen, können Bestrafung oder Vertreibung erleiden. Wo die Aufrechterhaltung der ethnischen Identität streng durchgesetzt wird, kann eine ethnische Gruppe eine Apartheid-Psychologie entwickeln. Es gibt eine ziemlich allgemein verbreitete Tendenz, ein Mitglied der eigenen Sippe, des Stammes, der Rasse, der Religion oder Sprache vorzuziehen und diejenigen anderer Volksgruppen und Religionen als fremd, frevlerisch oder sogar unmoralisch anzusehen. Diese Betrachtungsweise kann Haß, Konflikte und Kriege noch verschlimmern. Eine religiös-kulturelle Tradition zu konservieren, hat einige gute Seiten in einer Welt mit mehreren Ethnien, wo der Reichtum kultureller Vielfalt geschätzt wird, aber sie hat ihre ernsthaften Nachteile insofern, als man nur sein eigenes kulturelles Erbe schätzt und keine anderen. Dies hindert uns daran, mit anderen Menschen auf eine Ebene zu kommen. Können wir über unsere eigenen ethnischen Loyalitäten hinauswachsen? Können wir die kirchspielhaften religiösen Traditionen überwinden, die die Menschen trennen? Die trennenden und entmenschlichenden Tendenzen chauvinistischer Religion sind ein starkes Argument dagegen. "Du mußt mein Glaubensbekenntnis oder meinen Glauben akzeptieren und mein ethnisches Erbe teilen, oder du bist nicht völlig menschlich", sagt der strenge Religionsvertreter.

Kann eine Person, die mit ihrer religiösen Vergangenheit Schluß macht, eine *neue Identität entwickeln, die universell ist statt engstirnig*? Für den Humanisten ist der Mensch vor allem ein Mitglied der menschlichen Spezies. Seine nationale, ethnische oder rassische Herkunft ist sekundär und kann seinen höheren Verpflichtungen, die er gegenüber der Menschheit als ganzer hat, nicht im Wege stehen. Humanistische Eupraxophie hat eine globale Ausrichtung. Ganz gleich, wie ein Mensch geboren wurde, und unabhängig von seiner nationalen Herkunft, der Rasse, der Klasse, dem Glauben oder Geschlecht sollten alle Menschen als gleich in Würde und Wert angesehen werden. Jeder Mensch sollte als wertvoll betrachtet werden, unabhängig davon, ob wir den gleichen Glauben und die gleichen Wertvorstellungen haben. Humanismus bringt den Menschen daher auf eine höhere Bewußtseinsstufe. Ungleich den sektiererischen Religionen der Vergangenheit ist der Humanismus der Vorbote einer neuen universellen Eupraxophie, in der sich alle Menschen wiederfinden können. Es ist ermutigend: Wir sind alle Mitglieder einer neuen planetarischen Gesellschaft. Der humanistische Eupraxoph erkennt, daß jeder von uns als Weißer, Schwarzer, Brauner oder Gelber, Franzose oder Deutscher, Amerikaner oder Japaner, Mann oder Frau ein Mitglied der menschlichen Spezies und ein Teil der Weltgemeinschaft ist.

Humanisten erkennen, daß die isolierten Erziehungsorte der Vergangenheit zu separaten ethnischen Aufteilungen führten. Die Menschheit ist in unterschiedliche Rassen, Kulturen, Stämmen, Kasten, Religionen und

Ideologien geteilt, von denen viele sich vor dem Entstehen skeptischer Philosophie und Wissenschaft entwickelten und bevor sie durch Verstand untersucht werden konnten. Muslime oder Sikhs, Hindus oder Juden, Biafraner oder Quebecer, Protestanten oder Katholiken, Russen oder Chinesen sind alle durch das festgelegt, was sie geographisch und genetisch sind. Reise und Kommunikation, Einwanderung und Auswanderung, Verbrüderung und Heirat untereinander haben jedoch dazu geführt, daß wir in einer gemeinsamen, wenn auch polyethnischen Welt leben. Eine realistische Bewertung der Zustände auf dieser Welt ergibt, daß die engherzigen Loyalitäten der Vergangenheit nicht länger für die Zukunft angemessen sind.

Zugegeben, wir müssen kulturelle Unterschiede respektieren und dürfen sie nicht ausrotten, wir müssen die vielfältigen Beiträge zu den verschiedenen Gemeinschaften der Menschen achten. Sie haben alle irgendwelche Qualitäten, die wir schätzen und genießen können: Schöne Unterschiede in der Kunst, der Sprache, der Musik, der Küche. Wir haben jedoch ein Stadium erreicht, wo eine universale Idee die kulturellen Welten der Vergangenheit ersetzen muß.

Es gibt allgemeine Menschenrechte, die von jedermann respektiert werden müssen. Wir sind alle Bürger einer neuen planetarischen Gemeinschaft; eine neue globale Ethik ist dabei, sich durchzusetzen. Wir können wünschen, die Teile unseres ethnischen Erbes, die noch von Wert sind, zu erhalten, aber wir müssen uns auf eine neue Plattform begeben, wo sich alle Menschen beteiligen können. Wir müssen lernen, als Teil einer neuen sich formierenden Weltkultur zusammenzuleben. Die Herausforderung ist, eine neue Identität zu entwickeln, die mit dieser zusammenpaßt, und die sich auf unsere gemeinsamen Werte und unseren Ausblick konzentriert.

Obgleich wir noch nach Sprache und Kultur geteilt sind, nach Religion und Ideologie, nach Nationalität und Ethnien, kann die Welt der Zukunft wahrlich eine humanistische Welt werden, eine Welt, in der strittige ethnische Unterschiede überwunden sind. Wenn das aber passieren soll, müssen wir radikal neue Wege des Denkens und Fühlens entwickeln.

Humanistische Eupraxophen sind überzeugt, daß der Humanismus die Möglichkeit für Menschheitsideale hat, die äußerst praktisch und wahrlich inspirierend sind. Sie glauben, daß der Humanismus uns helfen kann, neue Höchstleistungen zu erringen. Der Humanismus kann Fortschritt ohne die wahnhaften Systeme der Vergangenheit bringen. Wir sind in der Lage, die jetzige Welt zu genießen, aber wir müssen bereit sein, uns auf das Abenteuer des Lebens von morgen einzulassen. Ob eine humanistische Welt jemals Wirklichkeit wird, hängt von unseren Bemühungen und unserer Entschlossenheit ab und davon, ob wir endlich mit den antiken Religionen der Vergangenheit fertig werden, sie überwinden und eine wahrhaft menschliche Welt der Zukunft bauen.